# 讓孩子從
# 拖延變自律
# 的教養法

### 透過13種教養方式，戒掉孩子的拖延壞習慣

作者——王敏

# 序

寫這些文字的時候，我正坐在家中的沙發上，兒子在他的書桌前寫著作業，耳邊不時傳來老公督促兒子「快點寫作業」、「怎麼這裡又寫錯了」的嘮叨，以及兒子小聲嘟囔著抗議的聲音。家長群組裡，不時彈出老師和父母們關於孩子學習的各種資訊：

「今天的作業是什麼？」
「明天的美術課要帶哪些材料？」
「今天哪些孩子考試得了滿分？」
「現在已經快晚上 11 點了，孩子作業還沒寫完，怎麼辦？」
……

這些資訊均透露著父母們對孩子教育的重視，也隱隱讓人感覺到父母對孩子學習的緊張與焦慮。

雖然現在提倡幫孩子減輕負擔，不給過多作業，一、二年級的孩子不考試……但教育規則的改變，卻讓孩子的教育問題在平靜和緩的表象之下，更加波濤洶湧，「卷」得更厲害了。

仍記得兒子剛讀一年級時，我所受到的刺激：他們班有個女生，她認識的英語單字量已經上千個，達到了國中水準。其他同學有的奧林匹克數學已經到四年級水準了，有的鋼琴已經達到了八級，還有的寫得一手好字，朋友圈裡曬出來的毛筆字作品，連

我這個大人都自嘆不如，只能感慨一聲，這就是別人家的孩子啊！

對於以前的孩子來說，大學是「鯉魚躍龍門」中的「龍門」，是孩子教育的分水嶺，也是父母們關注的焦點。如今，隨著勞動力市場對人才的需求變化，孩子初中畢業後，50％成績優秀的孩子可以繼續讀高中，接受大學教育，另外 50％的孩子則被分流進入職業技術學校，接受職業教育。而大部分父母的教育觀念還沒有隨之改變，依然認為上大學是「正道」，因此，能不能考上高中就成了新的教育分水嶺。也就是說，影響孩子教育命運的時間從高中提前到了國中，這讓父母更加焦慮，而這種焦慮會在日常的一言一行中有意無意地傳遞給孩子，父母對孩子學習節奏的要求也在不自覺地加快。於是，在父母眼裡，很多時候孩子的行為就像電影裡加了「慢動作」的特效，做什麼都慢吞吞的。

「快點寫作業！」
「還沒吃完嗎？上學快遲到了！」
「趕快睡覺，不然明天上學又起不來了。」
「再這麼拖延下去，怎麼能考得上大學？」

這類場景並不少見。然而這樣的催促、指責會讓孩子還沒來得及認知到學習的意義，就已經對學習的認知發生了改變——從「學習我想做的事」變成「學習是爸媽要我做的事」。孩子教育

的起步不對，帶來的結果可能就是「差之毫釐，謬以千里」。

很多父母也深感無奈：「我也不想天天催孩子，我也希望孩子自己能夠主動、快樂地去學習，可是他沒那個自覺啊！每次都不好好寫作業，如果我再不催他，那豈不是更學不好了？」孩子剛入小學時，我也有這種感受，自己心累不說，孩子也很委屈，要嘛不甘願地被迫服從，照我交代的去做；要嘛哇哇大叫表示抗議，跟我頂嘴，屬於典型的「不催還好，越催越慢」。

在孩子口中，我從他「最愛的媽媽」變成了「壞媽媽」。最後孩子的成績沒提升，也不願意和我親近了。孩子的疏遠讓我感到難過，也讓我意識到一定是我和許多朋友圈內「同病相憐」的父母們，所採取的方法在哪裡出了差錯，這樣下去不但解決不了問題，還會讓我和孩子「兩敗俱傷」。

於是我開始抽時間去查閱資料、去觀察孩子的言行、去和很多家長聊天、去琢磨「別人家的孩子」。後來，我發現一個很有趣的現象——大部分優秀的學生都有一個共同特點，那就是他們的父母沒那麼嚴格管教。孩子問題比較多的父母，在講起孩子的問題時滔滔不絕，而家有讓人放心的孩子的父母，在交流時反而簡單輕鬆。比如我問淘淘媽媽：「你家孩子寫作業都不用讓你擔心，也不拖拖拉拉，是怎麼教的呢？」淘淘媽媽吃驚地告訴我：「他自己本來就這樣啊，我沒教他什麼，也沒怎麼管過。」

起初我以為是這些父母太謙虛了，不願意分享教育經驗。後來我發現就是父母適時、適度地放手，成就了孩子的優秀。

但放手不意味著不管孩子。幾乎所有成功克服拖延的孩子背後，都有一對平和、理性、睿智、包容的父母。他們會把孩子放在平等的位置，認真傾聽孩子的聲音，瞭解孩子的真實想法，透過和孩子溝通尋找問題背後的真實原因，不斷嘗試給孩子不同的建議。但無論孩子採取哪種做法，他們都做到了尊重孩子的節奏和想法，鼓勵孩子大膽去嘗試，放手讓孩子自己承擔後果，這種最為自然的學習方式就是最有效的方法。

　　導致孩子拖延的原因有很多，有的是沒有時間觀念，有的是沒有興趣，有的是缺乏專注力，有的是在以拖延作為反抗父母的一種方式，還有的孩子本身就是個慢郎中……

　　在這本書裡，重點篩選了經常讓父母感到頭疼的 9 個常見問題，有針對性地抽絲剝繭、深入剖析，尋找問題的根本原因以及簡單有效、易操作的解決辦法。像＜孩子的普遍心聲——「很多時候爸媽根本不知道我在想什麼，也不知道我想要什麼，就知道催催催！」＞這一章，這個問題背後的真實原因是父母不會與孩子溝通，抓不住孩子的真實想法。而不瞭解孩子的真實想法，就找不到問題的癥結所在；找不到問題的癥結，就無法「對症下藥」，幫助孩子有效地解決問題。這個問題是解決孩子拖延症的基礎，也是解決孩子各類問題的基礎。

　　像＜注意力不集中——「寫作業時三心二意，磨蹭半天寫不了幾個字」＞這一章，這個問題主要針對的是孩子在寫作業過程

中，因為三心二意導致的拖延，重點解決的是如何提高孩子的注意力。但導致孩子寫作業拖延的原因可能是別的原因，有的是沒有時間觀念，有的是習慣了拖延或不喜歡學習等。如果是因為沒有時間觀念導致的拖延，可以翻看＜缺少時間觀念——「孩子做事總是隨心所欲、拖拖拉拉」＞這一章；如果是因為養成了拖延的壞習慣或是不喜歡學習，可以翻看＜缺乏學習興趣——「孩子對學習不感興趣，總是拖延」＞這一章。

在實際生活中，孩子的「拖延症」一般都不是由一個原因引起的，通常至少是兩個以上的原因導致，所以在看書中的案例時，可以針對自己孩子的實際情況，將多個案例、多種原因結合起來觀察，只有綜合運用多種方法，才能有效解決孩子的拖延問題。

最後，感謝一直支持和幫助我的朋友和老師，希望這本書對家有「小磨王」的父母能有所啟發，能夠幫助到更多的父母和孩子。

# 測一測：
# 你家孩子拖延到什麼程度了？

「拖延」的英文 procrastination，源自於拉丁文，意思是推至明天。這個概念最開始提出時是沒有貶義的，直到 18 世紀中葉，工業革命開始以後，「拖延」開始有了不好的含義，它意味著一個人沒有履行自己應該履行的義務。

現代心理學中把「拖延」定義為「自願推遲開始或完成計畫好的行動，儘管預見到該行動可能會因推遲而變糟」。

有拖延症學生的典型表現：

（1）內心很想好好學習，但就是行動不起來；

（2）拖延時感到焦慮不安、自責愧疚、失落；

（3）最終的學習成果品質下降（如不好的成績、潦草的作業等）。

拖延也分輕重程度，你家孩子的拖延症到幾級了呢？來測驗一下吧！

下面的問卷，請根據你家孩子的行為，勾選相應的選項。

1. 他經常在做幾天前就已經打算要做的事情。
   A. 從不 B. 偶爾 C. 有時候 D. 經常 E. 總是

2. 直到作業快交了，他才開始著手進行。
   A. 從不 B. 偶爾 C. 有時候 D. 經常 E. 總是

3. 圖書館的書無論是否看完，他都要臨近到期才歸還。
   A. 從不 B. 偶爾 C. 有時候 D. 經常 E. 總是

4. 通常早上到了起床時間，他都會立刻起床。
   A. 從不 B. 偶爾 C. 有時候 D. 經常 E. 總是

5. 一般來說，他都是寫完作業才去玩。
   A. 從不 B. 偶爾 C. 有時候 D. 經常 E. 總是

6. 他寫好的作業一般都是幾天後才交給老師。
   A. 從不 B. 偶爾 C. 有時候 D. 經常 E. 總是

7. 只需要坐下來就能完成的作業，他也很少能在幾天內完成。
   A. 從不 B. 偶爾 C. 有時候 D. 經常 E. 總是

8. 對於必須要寫的作業，他也一再拖延。
   A. 從不 B. 偶爾 C. 有時候 D. 經常 E. 總是

9. 他一般都很果斷地做出決定。
   A. 從不 B. 偶爾 C. 有時候 D. 經常 E. 總是

10. 準備上學的時候，不到最後一刻，他很少收拾書包。
    A. 從不 B. 偶爾 C. 有時候 D. 經常 E. 總是

11. 為了按時完成作業，他總是急急忙忙。

   A. 從不 B. 偶爾 C. 有時候 D. 經常 E. 總是

12. 他要寫的作業快遲交時，還是經常先做別的事情。

   A. 從不 B. 偶爾 C. 有時候 D. 經常 E. 總是

13. 和同學一起寫作業的時候，他喜歡拖延。

   A. 從不 B. 偶爾 C. 有時候 D. 經常 E. 總是

14. 作業一規定下來，他一般很快開始動手寫。

   A. 從不 B. 偶爾 C. 有時候 D. 經常 E. 總是

15. 赴約時，他總是需要同伴等待。

   A. 從不 B. 偶爾 C. 有時候 D. 經常 E. 總是

16. 他總是在最後一刻才開始寫作業。

   A. 從不 B. 偶爾 C. 有時候 D. 經常 E. 總是

17. 即便是非常重要的考試，他也總是在最後一刻才開始複習。

   A. 從不 B. 偶爾 C. 有時候 D. 經常 E. 總是

18. 他通常在一天內完成計畫好的所有學習任務。

   A. 從不 B. 偶爾 C. 有時候 D. 經常 E. 總是

19. 他會處理好必須完成的任務，再去進行娛樂休閒。

   A. 從不 B. 偶爾 C. 有時候 D. 經常 E. 總是

20. 他經常說：明天我就會把這些作業寫完的。

   A. 從不 B. 偶爾 C. 有時候 D. 經常 E. 總是

學業拖延問卷，是由 Lay 編制的學生版拖延量表，以 20 個學業拖延相關行為專案及感覺專案組成。量表中各專案為等級排列，對「從不」、「偶爾」、「有時候」、「經常」、「總是」分別記 1 分、2 分、3 分、4 分、5 分（題號 4、5、9、14、18、19，反向計分）。最後將被測試學生在 20 個項目上的得分相加，即得到其在學業拖延上的得分。其中，總分在 20 分以內為不拖延；總分在 20 至 40 分為輕度拖延；總分在 40 至 60 分為中度拖延；總分在 60 至 80 分為重度拖延。總分越高表明被測試的學生學業拖延越嚴重。學業拖延問卷的中文版本目前已被證明具有良好的可信度，可以用於對國小學生學業拖延的研究。

# PART 2
# 孩子常見拖延行為及拖延對策

# PART 1

理解孩子
的拖延

# 01 ／ 理解拖延

「拖延是什麼？」

果果是一個資深的拖延「大磨王」，每天放學先跑到樓下玩個夠，才願意回家寫作業，晚上作業寫不完也不著急，第二天早上起來再帶到學校繼續寫。週末的作業則是拖到週日晚上寫。有時為了趕緊寫完交差，要嘛想盡辦法少寫，如一篇看圖說故事，稿子上畫了七、八行橫線可以用來寫字，可是果果往往最多寫三、四行就寫完了，應付了事；要嘛匆匆忙忙，以至於作業字體潦草、錯誤百出。

果果媽媽為此很頭疼：為了讓他按時完成作業，威脅、恐嚇、獎勵各種辦法全用了，也就只見效一下子，沒多久又故態復萌了。

「拖延症」指的是不能夠很好地進行自我調節，在可以預料到後果對自己不利的情況下，仍然把計畫要做的事情往後推遲的

一種行為。只是對於孩子來說，他們不一定能夠清楚地意識到推遲的後果對自己不利。

「拖延症」是一個普遍存在的現象，不僅孩子愛拖延，成年人也普遍存在相同的問題，生活中幾乎每個人都有「拖延症」，只是每個人的拖延程度不同而已。

中國社會科學院曾做過一項調查，調查結果顯示：在中國，80％的大學生和86％的職場工作者都患有「拖延症」，50％的人不拖到最後一刻絕不工作，13％的人沒有人催促就不會完成工作。

美國德保羅大學調查研究發現，在美國，20％的人患有慢性「拖延症」，75％的大學生是「拖延症」患者。像特斯拉創始人伊隆・里夫・馬斯克（Elon Reeve Musk），有一次接受採訪時說自己深受「拖延症」困擾，他總是把工作拖到截止日期（deadline）才完成。

**知識小課堂 萬有拖延定律**

2019 年，美國國家科學基金會曾選取了 10 個專案，每個專案的申請人數上千，而且明訂了提交時限。基金會發現隨著截止日期的臨近，收到的提交申請會突然增多，並且迅速向無限多逼近。美國國家科學基金會把這一現象總結為「萬有拖延定律」，就是說人們對於有時限的工作，沒有被逼到最後都會選擇不做，而隨著截止日期的到來，日益增加的壓力會迫使他們完成工作（見圖 1）。

拖延幾乎是所有人都要面臨的共同問題。所以，如果發現自己家孩子有拖延現象，父母的心態不要過於擔心或焦慮，關鍵是如何幫助孩子一起有效戰勝拖延。

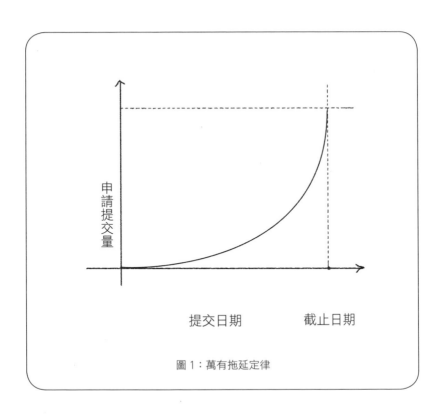

圖 1：萬有拖延定律

# 孩子的拖延行為

下面是透過上百組家庭訪談，收集到孩子常見的拖延現象。如果你家孩子也有同樣的現象，那麼可以把它勾出來。當然，也可以加入您發現的其他拖延現象。

- 假期裡，無論怎麼催都不願意寫作業，直到開學前幾天，甚至最後半天才開始動手寫作業。
- 寫作業時，一下口渴，一下餓了，一下又要上廁所，磨蹭幾小時還寫不了幾個字。
- 總會找很多藉口不做作業，而且經常不能按時完成。
- 看似在努力學習、學到很晚，實際在發呆、恍神——「心不在焉、神遊他處」。
- 吃飯時慢吞吞的，和同齡孩子相比，總是最後一個吃完。
- 到了睡覺時間，總是拖拖拉拉，不願意去睡。
- 早上起床要喊很多遍，總要拖到快遲到了才起床。
- 上學要遲到了，早餐還沒吃，甚至還在慢吞吞地刷牙。
- 時間觀念淡薄，上學總愛遲到。
- 在學校，老師規定的隨堂作業總是無法完成。
- 總愛丟三落四，經常找不到東西。
- 對父母依賴性比較強，不願獨立完成自己的事。
- 總愛把事情拖到最後一刻才去做，做不完又喜歡鬧情緒。
- 逐漸變得消極，很多事情父母不催就不做，缺乏主動性。

■ 逐漸變得懶散，做什麼事都感覺提不起興趣。

■ 對於孩子拖延，父母催促、批評效果微乎其微，而且越催越慢。

■ 孩子變得焦慮，不斷自我否定，出現內疚或自卑心理。

## 拖延對孩子的影響

很多人會把孩子成績不好，歸究於老師教學品質差或者孩子「笨」、學不會等，很少有人關注到拖延對孩子的影響。實際上，孩子拖延，看上去雖然是一個小問題，但它卻有強大的「蝴蝶效應」，影響著孩子學習、生活、心理健康，以及個人習慣的養成，直接關係到孩子的成長和健康。具體來看，「拖延症」對孩子的負面影響有三方面：一是心理上的傷害、二是行為上的影響、三是結果上的危害。

### 知識小課堂 蝴蝶效應

曾經有研究者發現：「在南美洲亞馬遜河流域熱帶雨林中有一隻蝴蝶，牠偶爾搧動幾下翅膀，兩週後引發了美國德克薩斯州的一場龍捲風。」因為蝴蝶搧動了翅膀，導致了牠身邊的空氣系統發生了微小的變化，並產生了微弱的氣流，這個微弱氣流的產生又會引起四周空氣或其他系統也產生相應的變化，

由此引發一個連鎖反應，最終導致其他系統發生極大的改變。

在心理學上，「蝴蝶效應」指的是一件看起來毫無關係、非常微小的事情，可能帶來巨大的改變。此效應告訴我們：一個人或一件事發展的結果，對初始條件具有極為敏感的依賴性，初始條件的極小偏差，可能會引起結果的極大差異。

在童年這個人生開始的階段，孩子一個小小的壞習慣，如拖延，可能會引發人生過程中一連串巨大的負面反應。所以，孩子教育無小事，要及時關注、幫助孩子解決小問題。

## 1・從心理上看，拖延會讓孩子自我否定、消極自卑

拖延最先給孩子帶來的是心理上無形的傷害。孩子拖延，最先發現的並不是孩子自己，而是父母或老師，因此孩子就很可能面臨到來自父母的指責或學校的壓力。而父母的指責或同學們的嘲笑會讓孩子產生錯誤的認知：「我怎麼這麼笨？」「我什麼事情都做不好。」

這時，孩子就會對自身能力產生懷疑，當孩子開始自我否定的時候，自信心就會被打擊，進而導致其無法正確認識到自己的優點，這會讓孩子逐漸變得消極、自卑。而消極、自卑會讓孩子做事時變得畏畏縮縮，不敢大膽去嘗試，即便能完成也不敢表現出來，最後變得更加拖延，形成惡性循環。

隨著這種情況的升級和加重，孩子會產生深深的自責感、罪惡感，嚴重時可能會伴有焦慮、抑鬱等心理疾病，極端一點的，甚至可能會萌發輕生的想法。所以，無論是孩子或成年人的拖延問題，都引起了心理學家乃至整個社會的廣泛關注。中國的《新民晚報》在 2013 年曾在一篇報導中提到：

　　5 月 2 日是「五一」小長假後上學的第一天，這一天對於很多學生來說卻是「壓力山大」。當天早上，南京市溧水區一名 13 歲男孩疑因作業未完成，上吊自殺。據知情人士透露，這個男孩就讀小學六年級，放假 3 天都沒有寫作業，於是在開學當天早上 4 點起來趕作業，後來對父母說寫不完、想睡覺，最後被發現在樓梯口自縊身亡。

　　2020 年，騰訊網也有一篇類似的報導：

　　2020 年 3 月 24 日，河北省邯鄲市一名 9 歲的學生，因未按時完成作業，曾被老師踢出社交媒體「群組」，又因沒有上線上課，被老師在「親師交流群」裡點名批評。孩子選擇輕生，從 15 樓一躍而下，搶救無效，不幸身亡。

　　造成這種嚴重後果的原因，就是父母看不到孩子心理上的傷口。如果孩子摔倒，跌破了手臂或腿，無論傷勢是否嚴重，父母都會很擔心，緊急帶孩子到醫院檢查，有時就算沒有傷口，也會

帶孩子去拍個 X 光片來確認骨頭有沒有受傷。但孩子心理上的創傷也是傷口，雖然是無形的，其後果有時比身體上的傷口還要嚴重。正是因為看不到它，很多父母都不會注意到孩子心理上受到的傷害，更不會及時幫助孩子處理這種創傷，就像手臂原本只是受了一點小傷，因為沒有及時醫治導致傷口不斷擴大、惡化，最後可能影響孩子的生命或人生。

## 2‧從行為上看，拖延會讓孩子不願去努力，習慣於一事無成

在平常學習生活中，沒有被拖延症困擾的孩子會認為「我做得到」是正常現象。如果「做不到」，孩子會感到難受，會急於想辦法努力讓自己「做得到」，以此來證明自己的價值。

可是如果孩子有拖延的壞習慣，那麼因為拖延導致「我做不到」的情況就會逐漸增多，孩子常常會無法完成學習任務、做不好自己的事情。一旦習以為常，孩子會認為「我做不到」是正常現象，不想努力就想「躺平」，變得懈怠、能偷懶就偷懶。這不但會影響孩子的上進心，而且會讓孩子更習慣於逃避現實，在困難面前止步不前，習慣於一事無成。

## 知識小課堂 跳蚤定律

　　在正常情況下，一隻跳蚤可以跳到相當於自身身高 400 倍的高度。如果把跳蚤放在一個玻璃罩內，跳蚤跳起時就會撞在玻璃罩頂上，連續碰撞多次後，跳蚤就會降低自己跳躍的高度，最多只會跳到罩頂處。這時如果繼續降低玻璃罩的高度，跳蚤的跳躍高度也會隨之越來越低。最後就算拿掉玻璃罩以後，人們就會發現這隻跳蚤竟然再也跳不高了。這就是心理學上著名的「跳蚤定律」（見圖 2）。

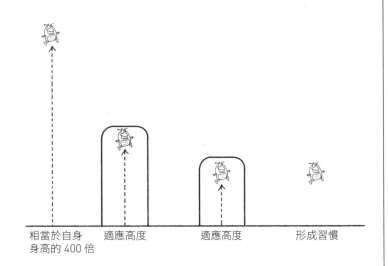

圖 2：跳蚤定律

人們總是喜歡享受安逸的時光，很多成年人在遇到困難時也會不斷選擇後退，習慣待在自己的舒適圈，不敢去嘗試和突破，孩子更是如此。孩子稚嫩的心性還沒有經過磨煉、不夠堅定，也沒有足夠的抗壓能力，更容易在遇到困難時選擇放棄。

「跳蚤定律」告誡我們：千萬不能讓孩子在受到反覆打擊後變得麻木、自卑，進而自我設限；千萬不能凡事還沒做就認為「我做不到」，在人生剛剛起步的階段就不敢「跳高」，甚至不敢「起跳」。

## 3・從結果上看，拖延會造成學習成績下降

一個有拖延習慣的孩子，會出現不能按時完成作業、上學遲到等常見現象。其實拖延給孩子帶來的影響遠不止這些，其中父母最容易忽略的，也是對孩子學習最為關鍵的影響，就是拖延會導致孩子學習效率的下降。

很多時候，孩子成績的好壞與智商關係不大，因為除了極少數的天才，絕大部分人的智商都是差不多的。如果拋開智商、學校教育水準這些因素，孩子成績的好壞與內在學習效率的高低密切相關。讓孩子們完成一張考卷，專注力非常高的孩子 25 分鐘就能完成，不拖延的孩子 45 分鐘內也能完成，而一個有拖延習慣的孩子可能花了 1 個小時才能完成 50％，甚至更少。學習效率低，讓有拖延習慣的孩子與其他人慢慢拉開差距，落於人後。

# 02 ／ 理解孩子拖延的原因

「孩子為什麼拖延？」

童童今年讀小學三年級，做事情特別拖延，尤其是每天晚上寫作業，幾乎都是在媽媽的「河東獅吼」中完成的。

在上三年級之前，童童的媽媽因為工作忙，經常到外地出差，很少陪她寫作業。即使陪也是像「監工」一樣，眼裡容不得沙子，看到寫錯就立馬指出來數落一頓，每次童童都心驚膽戰。

眼看童童快升四年級了，寫作業的時間卻是越拖越晚，媽媽開始著急了，把工作都放到一邊，想多多陪著童童把成績往上提升，於是出現了每天晚上逼著孩子快點兒寫作業的情形。她說最多的一句話就是：「妳怎麼寫個作業都這麼慢，別人家的孩子三年級都不用媽媽操心了，妳怎麼就不能讓我少操點心呢？」

事與願違的是，童童的媽媽對孩子的學習沒這麼關心之前還好，自從她天天這麼盯著以後，童童寫作業寫得更慢了，成績也退步了。

很多父母在面對孩子拖延這個問題的時候，都非常關心「怎樣才能快速解決這個問題」，都希望能夠「一招制勝」，馬上就能改變孩子的行為，很少去分析孩子出現這個問題背後的真正原因是什麼？孩子的動機又是什麼？孩子到底為什麼要這麼做？為什麼講了那麼多遍，孩子依然我行我素、屢教不改？為什麼明明是錯的，孩子偏要處處和父母起衝突？

　　身為一個孩子的母親，我特別能理解父母的急切心情。但是，解決孩子問題的正確方式，一定要先找到問題背後的真正原因，才能「對症下藥」，有針對性地去解決。就拿孩子的拖延問題來說，發生在不同年齡階段、不同性格、不同家庭背景、不同生活習慣的孩子身上，可能最終的結果都一樣，就是家中出了一個愛拖延的「小磨王」，但其背後的原因卻可能是天差地別，完全不是一碼事。

　　同樣是寫作業拖延，有的孩子是因為學習沒跟上、不會寫；有的是因為沒有時間觀念；有的是因為寫作業過程中三心二意；有的是因為怕做錯了被父母或老師批評；有的是因為對課業沒興趣，不想寫；有的是因為想以此獲得父母的關注；有的是因為感覺作業太多，寫完了還有更多的作業在等著，不想快速完成；有的是因為天生是慢郎中；還有的是因為完美主義……

　　上述案例中的童童，由於在一、二年級階段疏於管教，養成了寫作業拖拉的習慣。其實在和童童溝通後，我發現她不是不願

意學習，主要原因是不會合理安排時間。但是童童的媽媽在開始教導她時並沒有意識到這一點，而是直接採用了批評、吼罵的方式，還經常拿別人家的孩子和童童作比較，從而使童童膽子越來越小，在媽媽面前甚至不敢寫題目，生怕出錯。此外，童童的媽媽發現孩子有錯就會立馬指出，不停打斷她，這很容易破壞孩子的專注力。多種因素綜合起來，導致童童寫作業越來越慢。

## 無意識的拖延

整體來看，孩子的拖延分有意識拖延和無意識拖延。無意識拖延是指孩子沒有意識到自己是在拖延，或者說沒有意識到自己動作比較慢；有意識拖延是指孩子下意識抗拒，或者是主動找理由、找藉口的拖延行為。

導致孩子出現無意識拖延行為，一般有以下幾個原因：

### 1‧沒有時間觀念

晨晨的爸爸：「現在都 9 點了，作業怎麼還沒寫完？快點！30 分鐘內寫完！明天早上 7 點還要早起上學呢！」

晨晨聽後，一臉懵懂，問：「30 分鐘是多久啊？」

爸爸愣住了，一下子不知道該怎麼解釋，才能讓晨晨快速瞭解 30 分鐘是多久。

如果孩子沒有經過關於時間的有意識的教導，一般 6 歲以

下的孩子很難有清晰準確的時間觀念。而對於一個沒有時間觀念的孩子來說，父母眼中的拖延在孩子看來是正常的生活、學習節奏。因此，如果要有效糾正孩子的拖延問題，首先要培養孩子時間觀念，學習對計時工具的認知，讓孩子分清時間的順序，能夠控制時間的長短，並在日常生活中經常運用。

## 2‧對「任務」不熟練

對新接觸的事物，無論成年人還是孩子，都有一個「熟能生巧」的過程。孩子的大腦思維能力和身體動作協調能力，都還處在一個不斷發育、完善的階段，因為還不夠成熟，所以有時孩子熟悉新事物可能比成年人需要更多的時間，他需要一邊摸索一邊思考。由於孩子很難迅速完成，所以看起來就比較慢，這些情況屬於正常現象，不是孩子在故意拖延。

這讓我想起了一些剛拿到駕照的司機，會在車尾貼一句「新手上路，請多包涵」，以此提醒後面的車輛要多注意，不要老是按喇叭催促。同樣，對於孩子來說，萬事皆為新事，他們也是新手上路，所以別總是催，會越催越慢。

以寫字為例，在成年人看來，寫字是再簡單不過的一件小事，可是對學寫字的一年級孩子來說，這無疑是一項巨大的挑戰，他需要花很長時間，1 個月、2 個月、1 年、2 年……透過反覆練習才能慢慢掌握寫字技巧，逐漸把字寫好。

提起樂樂學寫字，樂樂的媽媽形容他的小手拿著鉛筆特別笨拙，控制不住鉛筆，像拿著一根木棍一樣。讓他簡單寫個「一」字，樂樂寫的「一」就是占據兩個田字格那麼大一條歪歪扭扭的「毛毛蟲」。樂樂的媽媽開玩笑地說：「樂樂剛開始學寫字時，整整有 2 個月，寫的哪裡是字啊，簡直就是『鬼畫符』嘛！」

## 3‧任務難度太高，超出孩子能力範圍

孩子都有好勝心，而且往往心理期望遠遠大於其實際能力，所以，孩子在一開始的時候總是信心滿滿地向前衝，可是在做的過程中，會逐漸發現以自己的能力根本無法完成，這是由於孩子高估了自己的能力。

或者父母給的任務，在父母眼中非常容易，可是對於新接觸的孩子來說可能非常難，以他現在的能力還無法達成，這是由於父母高估了孩子的能力。

無論是以上哪種情況導致孩子無法順利完成任務，看起來都像是孩子在拖延。

## 4‧孩子天生就是慢郎中

世界上沒有完全一樣的兩片樹葉，也沒有性情完全相同的兩個孩子，每個孩子的性格都是不同的，即便是雙胞胎性情也不會完全相同。有些孩子做事慢是由他們的先天氣質決定的，這樣的

孩子天生就是慢郎中。

　　心理學上將人的氣質類型分為四種：多血質、膽汁質、黏液質和抑鬱質。不同氣質的孩子在思維、言語和動作上會表現出不同的特點。

　　多血質的孩子活潑好動、動作敏捷、喜歡和人交往，但注意力易轉移、興趣易變換。

　　膽汁質的孩子直率熱情、精力旺盛、動作迅速，但難於自我控制。

　　黏液質的孩子安靜穩重、注意力穩定，但思維、語言和動作都相對緩慢。

　　抑鬱質的孩子多愁善感、行為緩慢，但對事物觀察非常細微。

　　可見，黏液質和抑鬱質的孩子屬於相對安靜緩慢型，是天生的慢郎中。這類孩子做事情慢吞吞的，在父母眼裡可能就顯得有些拖延，總是跟不上別人家孩子的節奏，哪怕是父母不斷催促，對他們發脾氣，也沒辦法讓他們快起來。

　　其實，孩子的各種氣質都有自己的優缺點，沒有好壞之分。慢郎中也有慢郎中的優點，慢郎中的孩子做事時觀察細緻、小心謹慎，認真踏實、不容易出錯；但也有缺點，就是做事比較拖延、常常錯過機會，不能充分利用好時間。急性子的孩子，雖然做事很快，但總是毛毛躁躁的，特別容易出錯。

多多三年級了，平時在校學習表現非常好，上課積極回答問題、作業完成得特別快，老師經常表揚她，父母也覺得多多在學習方面很讓人放心。可是多多每次考試都考不到 100 分，她做題速度很快，60 分鐘的考試時間，她往往 20 多分鐘就交卷了。媽媽和老師都叮囑她不要急著交卷，一定要仔細檢查幾遍，這讓急性子的多多特別苦惱：「題目很簡單啊，我都會寫，而且我檢查好幾遍了。」

　　結果是，每次考試都考不到 100 分，要嘛因為沒看清楚題目，要嘛因為算對了但寫時寫錯了，基本上都是粗心大意導致的。

　　身為父母，我們需要保持平常心，對孩子拖延這件事要處之泰然，經常反省自己對孩子拖延的行為是否過分敏感，是否過於焦慮與擔心，是否為此經常對孩子發火。

　　如果孩子天生是慢郎中，這個「慢」對學習成績的影響可以忽略不計，假如在學習及生活中也沒有妨礙到他人，那麼，即便是父母，我們也沒有權利把自己認同的生活節奏強加到孩子身上，慢節奏未必沒有快節奏的生活來得幸福。生命的意義不在於做事的速度有多快，每一種生命的過程都有它的價值所在。父母要尊重孩子的天性，不必過多糾正，應允許孩子按照自己的方式、節奏來展開生命過程，這也是父母對孩子作為獨立個體來說一種最基本的尊重。

# 有意識的拖延

導致孩子有意識拖延的因素，一般有以下幾個：

## 1‧對任務不感興趣或討厭

當孩子對父母或老師指派的「任務」不感興趣，甚至感到討厭時，如果又被強制要求必須完成，那麼孩子很可能就會產生抗拒心理，因為沒有一個孩子會願意花時間去做自己不感興趣的事情。「興趣是最好的老師」，如果對一件事情完全沒有興趣，不僅是孩子，就算是成年人，也不願認真去完成。對此，孩子表現出來的很可能就是慢吞吞、拖拖拉拉。

## 2‧注意力不集中，做事三心二意

有篇名為《小貓釣魚》的故事內容如下：小貓和媽媽去釣魚，小貓一下子去捉蜻蜓，一下子去捉蝴蝶，結果一條魚也沒釣到。孩子有時也是這樣，注意力很容易被其他事情吸引，不能專注地完成一件事情。其實，注意力分散是正常現象，但如果長期三心二意，做事時總被其他事情影響，不但不利於專注力的養成，也會導致孩子做事特別慢。

比如學校要求學生每天完成四組跳繩練習，每組跳 1 分鐘。這對一般的孩子來說幾分鐘就能完成，可是對於三心二意的孩子

來說，往往需要 1 個小時才能完成。比如跳之前換鞋要花上 5、6 分鐘，找跳繩要用 10 多分鐘，每跳一組要休息 10 多分鐘，跳完還要再玩上半個小時才願意接著做別的事情。

　　因此，對於做事習慣三心二意的孩子來說，磨蹭、拖延完全不足為奇。

## 3．信心不足，害怕做錯或失敗

　　有些孩子之所以拖延，並不是故意為之，而是由於他們心理出現了過不去的「關卡」，比如事情還沒開始做，就陷入自我否定，懷疑自己無法完成、做不好、做錯了會受到批評等。所以，自信心不足的孩子寧願把事情拖著，也不想馬上去做，以此來逃避這些事情帶給他的不安和恐懼感。

　　甜甜是一個十分聰明的孩子，在上幼兒園的時候，她的觀察能力和語言能力都超過了同齡孩子。甜甜的媽媽為此感到很驕傲，經常誇女兒聰明。

　　可是自從上了一年級之後，本來開朗自信的甜甜彷彿變了一個人——

　　在課堂上總擔心回答錯誤被同學們嘲笑，每逢老師提問，就會趕緊低頭，生怕老師叫到自己。老師或者媽媽指出她的錯誤時，她就會表現出很難接受的樣子，要嘛磨蹭著不願意寫，要嘛乾脆放下不管，剩下的作業也不做了。

後來，學校的各種活動她也害怕參與，總是擔心自己做不好，比不過其他同學，例如寫的字不夠漂亮、畫的畫不夠好看、演講時結結巴巴等。

甜甜成了一個愛拖延、愛逃避的孩子，這讓媽媽情緒低落到谷底⋯⋯

## 不屬於「拖延症」的拖延行為

### 1·注意力非常集中

美國心理學家艾瑞卡·瑞謝（EricaReischer）認為：磨蹭是孩子成長過程中必經的階段。正因為磨蹭，他們才能專注於眼前的事。不會磨蹭的孩子，反而才是真的有問題。有些孩子做事拖延，不是因為注意力不集中，反而是因為注意力太集中了，當孩子注意力集中在一件事，沉浸在其中時，就容易忘記時間和其他要做的事情。

萱萱的媽媽讓萱萱下午先畫畫，然後再做 4 頁算術題。可是萱萱畫畫太投入了，不斷有新的東西想畫上去，忘記了時間和其他事。結果一下午她都在畫畫，等畫好後已經沒有時間做算術題了。

萱萱的情況說明孩子的專注力非常好，父母應該感到高興，注意保護好孩子的這份專注力，不要將其當作做事拖延而把這份

難得的品質破壞掉了。然而有時我們也會面臨兩難，因為專注力高擔誤了做其他事情，怎麼辦呢？這時我們可以透過培養孩子的時間觀念，教孩子學會合理規劃時間等方式進行調整，本書第二章會有詳細介紹。

## 2・過於追求完美

還有一些孩子天生追求完美，因為追求事事都要做到最好，所以做起事來總會比其他孩子慢上幾拍。

球球是個追求完美的孩子，每次寫字時，都想把每個字寫得和書本上的一樣。球球觀察得很仔細，但是手的能力還跟不上，所以往往寫一個擦兩個，寫兩行擦一行，反覆擦掉重寫。有時作業本都擦破了還哭，擔心第二天交作業時被老師罵。可是即便是這樣，下次寫作業時，他還是不斷擦掉重寫。對此，球球的媽媽心情很複雜，既驕傲又焦慮，驕傲的是孩子的字在班上是寫得最好的，焦慮的是孩子每天寫作業的時間花太久了。

追求完美主義的孩子大多對自己的要求很高，在學習方面也有較好的自制力。對於這類孩子，如果我們一味地催促，或者不斷地提醒時間，基本上沒什麼效果。建議可以不再用高標準要求孩子，因為孩子自我要求已經夠高了，同時幫他適當降低對任務的期望和要求，但注意不要降得太低，也不要為此批評孩子，以免破壞孩子高標準、嚴格要求自己的這份難得的心性。

對於像球球這樣追求完美導致寫字慢的現象，如果沒有對孩子的正常學習生活產生太大的影響，可以不用糾正。可是球球每天晚上要熬到 11 點多才能寫完作業，這已經影響到他正常休息了。媽媽和老師溝通後，找到了一個解決辦法。

有一天，媽媽故意拿其他小朋友寫的字給球球看，並對他說：「這個小朋友寫的字很不錯呢！」

球球看到後大聲說：「媽媽，他寫得字才沒有我寫得好看呢！」

媽媽：「是嗎？老師也覺得他寫得不錯耶。」

球球不高興了，拿起自己的作業本給媽媽看：「媽媽，妳看看到底誰寫得比較好？」

媽媽：「當然是你，目前在你們班裡你寫得最好，老師也經常表揚你呀！」

球球自豪地揚起小下巴：「對啊，我寫得很認真喔！」

媽媽：「可是，我聽說他在學校就能完成作業，他怎麼寫得那麼快呢？」

球球驕傲地回答：「這有什麼，如果寫成這樣，我也可以寫得很快。」

媽媽：「那我們試試，如果你寫得像他這樣，或者只比他好一點點，是不是寫字的速度也可以快一些？」

給球球一個「不完美的對照範本」，有了對比，球球也就稍微降低了自己寫字的標準和期望，寫字的速度也提高了不少。

# 警惕！八種無效措施

## 1‧催促、責備孩子

「這麼簡單的事，你怎麼總是拖拖拉拉的？」

「天天這樣磨蹭，以後一定考不上大學！」

這種經常責備孩子的做法，不僅沒有顧及孩子內心的感受，也會傷害到孩子的自尊和自信心。在責備、打擊中長大的孩子，會逐漸變得膽小懦弱，即便能做到也不敢表現出來。

## 2‧嚇唬孩子

「再做不完，就不要吃飯了！」

「快點！再磨蹭下去媽媽先走了！」

「寫不完今天晚上不准睡覺！」

「再不聽話，妳就去和奶奶住吧！」

很多父母在教導孩子時總是習慣性地嚇唬孩子，因為這樣可以很好地「治住」孩子，讓他變得聽話。特別是爺爺、奶奶這一輩老人，也喜歡用這種方式來哄孩子。

我就是在外婆的故事中嚇著長大的。

小時候，外婆為了不讓我傍晚出去玩，經常跟我講一個故事：我們家附近有一種野獸叫「人腳玃」，牠們的腳印和人類的一樣，很容易讓人搞混。白天牠們躲起來，晚上出來找食物，跑得非常快，沒人能找得到。牠們最喜歡吃小孩，如果到了傍晚小孩子還在外面玩不回家的話，就會把孩子抓去吃掉。

後來，每到傍晚，我就趕緊回家，生怕被抓走吃掉。到了晚上也經常嚇得不敢睡，怕「人腳玃」在外面沒抓到其他小孩餓肚子，會跑到家裡來抓我。

雖然這種嚇唬的方式能在一定程度上讓孩子聽話，但同樣也會讓孩子感到害怕、難過，有時甚至傷害到孩子的心理健康，長期下來也可能會影響親子關係。


## 3・對孩子嘮叨

試想一下，如果有人對自己整天嘮叨不休，即便是為我們好，我們即使能忍受一時，但長期如此，也會感到十分厭煩。

換位思考，其實孩子也一樣，如果父母天天對著孩子喋喋不休，最後的結果很可能與父母的期望背道而馳，孩子不但不會聽，反而會適得其反。

## 4‧超齡要求

不要指望一個 5 歲的孩子可以像 12 歲孩子一樣自律、懂事，更何況要他們跟得上成年人的快節奏。超出孩子年齡的嚴格要求，會干擾孩子正常的發展節奏，不利於孩子從容地展開身心的發展歷程，和感受應有的生命體驗。超齡的嚴格要求不是在教育孩子，而是在「揠苗助長」，對親子關係也是有害無益。

## 5‧縱容孩子

「孩子還小，拖延很正常，長大自然就好了。」
「孩子拖延又不是病，只是慢一點而已，著急什麼啊！」

自從我自己有了孩子以後才發現，生孩子不難，如何教養孩子才是最難的。可憐天下父母心，自己含辛茹苦養大的孩子，總會多心疼一些，即便孩子有一些錯誤行為。有時也會覺得自家孩子樣樣都好，犯點小錯沒什麼大不了的，選擇置之不理或一笑了之。實際上，從孩子呱呱墜地到長大成人，父母的一言一行、家庭環境、心理疏導、素質教育等，無時無刻不影響著孩子的性格和思維。有時，父母的一時放縱或疏忽可能會影響孩子的一生。

## 6‧代替孩子

孩子自己要倒水喝，父母：「小心，別燙到了，你坐著，我

倒給你！」

　　孩子要穿鞋子，父母：「怎麼繫個鞋帶也這麼慢，我來」

　　孩子自己要洗餐具，父母：「你洗不乾淨，我來洗吧！」

　　有時為了讓孩子快一點，或者認為孩子自己做不好，父母會代替孩子直接做事，小到孩子日常生活中的衣食住行，大到學校選擇、未來職業選擇，甚至婚姻選擇，有些父母都會一手包辦。這種做法會讓孩子覺得自己很沒用，什麼事都做不好。這不是在教育孩子，而是在培養未來的成年人「巨嬰」。

## 7・家長意見不一致

　　早上，小君的媽媽急著想把小君送到學校再去上班，媽媽不斷催促小君：「快點吃，你上學要遲到了！」

　　奶奶看不下去了：「別催了，她都快噎到了，晚一點去沒差，沒吃飽會影響健康。」轉頭安慰小君：「小君乖，別著急啊，慢慢吃，吃完奶奶送你去，如果老師罵你，奶奶會跟老師說的。」

　　在企業管理上有一個著名的「手錶定律」，意思是一個人有一支手錶時，會清楚地知道現在是幾點，而當他同時擁有兩支手錶時反而無法確定時間了。在職場中，一個人不能同時接受兩個主管不同意見的管理，否則這個人將無所適從，行為陷於混亂。

　　這不僅適用於上司管理員工，也適用於家長管理孩子。對待

孩子拖延的問題，如果父母或家裡長輩意見不一致，會讓孩子感到是非混淆、無所適從，不知道聽誰的，這會導致孩子用無所謂的態度對待自己做的錯事，或者聰明的孩子會鑽漏洞，起不到真正教育孩子的效果，也不利於孩子是非觀念的形成。

## 8 · 打罵孩子

看到孩子拖延，有些父母會著急上火，忍不住採取打罵這種暴力的方式來解決問題。這種做法完全沒有顧及孩子內心的感受，會傷害到孩子的自尊和自信心。在打罵環境中長大的孩子，可能會產生兩種不同的極端性格：要嘛逐漸變得自卑、膽小懦弱；要嘛變得暴力，因為模仿父母是孩子的本能。俗話說：「父母是『正本』，孩子是『副本』。」一個在暴力和辱罵環境中長大的孩子，長大後很可能有暴力傾向。

中國鳳凰網 2018 年曾有一篇報導：

12 月 2 日，湖南省沅江市泗湖山鎮，就讀小學六年級的 12 歲學生，在家裡偷偷抽煙，卻被媽媽發現，氣憤的母親拿起了皮帶就對孩子一頓狠狠抽打。結果他直接和母親動起了手，被憤怒沖昏頭的孩子去廚房裡拿起了菜刀，接連對媽媽瘋狂砍了 20 多刀，導致媽媽當場死亡。

上面的案例有些極端，但這種打罵孩子的現象卻時有發生。我查了大量青少年走偏、學壞的案例，分析背後的原因，最後得

出一個結論：

　　對孩子嚴格管教本身並沒有錯。父母「望子成龍、望女成鳳」，對孩子抱有很高的期望也沒錯。父母因對孩子抱有很高的期望進而嚴格要求孩子，這些都是對的，也應該這麼做。但嚴格要求並不意味著要採取打罵的方式，教育方法不對，是造成很多孩子性格養成失敗的根本原因。

　　以上八種做法對解決孩子的「拖延症」不但於事無補，還可能讓孩子的「拖延症」越來越嚴重。其實不僅是對孩子的「拖延症」，其他任何關於教育方面的問題，以上八種做法都是不可取的。

# 03 ／孩子的普遍心聲

「很多時候爸媽根本不知道我在想什麼，也不知道我想要什麼，就知道催催催！」

媽媽帶著宣宣去朋友家做客，宣宣和對方家孩子多多年紀差不多大。媽媽們談天說地，孩子們在一起也玩得很起勁。大人們聊夠了，宣宣的媽媽就告訴她準備回家了。可是宣宣正玩得高興，不願意離開，媽媽只好再坐一會兒，等宣宣玩完。

10 分鐘過去了、20 分鐘過去了，宣宣的媽媽心裡已經有些著急了，又催了幾次，但宣宣就是不願意走。突然，朋友家擺在玄關的一個漂亮花瓶，在兩個小朋友追逐打鬧中被摔碎了。

宣宣的媽媽下意識地認為，這是宣宣打碎的，感到很慚愧，對朋友道歉後，拉著宣宣就走了。

在回家的路上，媽媽憋了一肚子的氣終於爆發出來了，對宣宣吼道：「你怎麼這麼不聽話！我催你好幾遍，就是一直磨蹭著不肯跟我回家，結果還把人家的花瓶打破了！以後我再也不會帶

你出來！」

　　宣宣試圖解釋：「媽媽，不是我不想回家，是多多不想讓我走。她說如果我回家了，她媽媽又要叫她寫作業了，她不想寫作業，想和我一起多玩一會。」

　　媽媽這時正在氣頭上，口不擇言地講：「多多成績比你好多了，人家一直是班級前幾名，你呢？人家玩你也玩，考那點分數，你有什麼資格和人家玩！我看是你不想走，還想賴在多多頭上！」

　　宣宣哭了：「我說的是真的。媽媽，你為什麼不相信我。花瓶也不是我碰倒的，你為什麼總是責怪我？」

　　媽媽說：「就算不是你打破的，可是如果不是你一直拖著不走，那花瓶會自己打碎嗎？」

　　宣宣不再說話，默默地擦眼淚。

　　媽媽依然得理不饒人：「你今天這麼不聽話，你知道錯了嗎？」

　　最後，在媽媽的威逼之下，宣宣很不情願地向媽媽低頭認了錯。但宣宣堅信自己並沒有錯，媽媽不但不去瞭解事情的真實情況，還冤枉了自己，這讓她感到非常委屈。


　　英國教育家赫伯特・斯賓塞（Herbert Spencer）說：「孩子在想什麼？面臨怎樣的問題？孩子的內心世界就像一個藏滿秘密的盒子。」父母與孩子可以說是這世界上最親近的關係，怎麼會

有父母不瞭解孩子呢？然而事實卻是，隨著孩子長大，很多孩子對朋友、他人可以很親近，卻對父母日漸疏遠。

　　有一次，我參加朋友孩子妮妮 12 歲的生日會，朋友只有這麼一個寶貝女兒，平時夫妻倆把女兒寵得像個小公主，生日會辦得特別隆重。在生日會快要結束時，朋友拉著孩子請我替他們一家三口拍幾張合照。拍完後，妮妮的同齡小朋友也走了過來想拍照，於是我順手幫忙都拍了一些。

　　回到家，我想篩選一些拍得好的發給朋友，卻發現了一個特別有意思的現象：幾乎每張朋友夫妻倆和女兒的合照，夫妻二人都笑得特別燦爛，女兒卻都是微微嘟著嘴，臉上一絲笑容都沒有。而妮妮與同學的合影中，每一張照片卻都洋溢著大大的笑容。和父母拍照時不開心的表情，與同學合影時快樂的樣子形成了鮮明的反差，這讓我感到疑惑。妮妮父母那麼疼愛女兒，為什麼妮妮和父母在一起不開心呢？

　　後來和朋友聊天，她提到自己女兒就嘆氣：「我和她爸爸天天圍著她轉，要什麼買什麼，可是我們說什麼她都不愛聽，真不知道拿這孩子怎麼辦。」

　　有句歌詞「給得再多，不如懂我」，說出了孩子的心聲，妮妮和父母之間的這種並不融洽的關係，以及上面案例中宣宣與母親之間的衝突，很大程度上就是因為父母和孩子沒有進行充分良

好的溝通。父母並不知道孩子到底在想什麼，沒有走進孩子的內心。

# 不懂孩子內心的家長

為什麼父母讀不懂孩子？主要有以下幾個原因：

## 1‧孩子的自我意識日漸增強

在對 5 至 12 歲的孩子進行訪談的過程中發現：孩子 5 歲之前比較聽話，基本上父母說什麼，孩子都會聽話照做。但隨著孩子年齡的增長、自主意識的增強，尤其是 8 歲以後，孩子自我意識的形成到了關鍵時期，他們越來越在意自己能否得到關注、自己的想法能否得到認可和重視。同時，他們還會產生很強的反抗意識和行為，比如愛和父母唱反調、喜歡挑戰父母底線等。

如果孩子的意見和想法沒有得到父母的關注與認可，或者是父母沒有給孩子充分表達的機會，孩子就會出現「要他往東他卻往西」唱反調的傾向，尤其是在得不到父母認同與重視的情況下，孩子的這種反抗意識會進一步強化。

## 2‧孩子有時也會「心口不一」

要想真正幫助孩子戰勝拖延症，首先得找到孩子拖延的真實

動機，之後才能對症下藥。可是該如何找到孩子拖延的真實動機呢？不要以為簡單詢問孩子幾句，孩子就能告訴你他內心最真實的想法，孩子對父母說的不一定是實話。

　　有一件事令我印象深刻。記得在兒子 3 歲左右時，他還沒上幼兒園，那時我和兒子聊天時經常聊到再生一個妹妹或弟弟的話題。他那麼小一隻想得還滿多的，擔心多一個孩子會和他搶玩具、搶零食，擔心我對他的愛會分一半出去等，所以他很抗拒，而我會經常拿這個話題來逗他。

　　有一次我要出差，出差前他拉著我的行李不讓我走，又哭又鬧，我很火大，隨口說了句：「媽媽是去工作又不是出去玩，出差你不同意，再生個妹妹你也不同意，你怎麼這麼不懂事！」說完拉著行李箱就出門了。

　　兩天後我出差回來，兒子見到我很開心，我也很高興，早就把出差前發生的那點不愉快拋到九霄雲外去了。看見兒子真的是感覺「一日不見，如隔三秋」，抱著他親了半天。這時，兒子突然很認真地對我說：「媽媽，我現在很想要個妹妹。」我很驚訝：「你不是一直不想要妹妹嗎？」

　　兒子就對我撒嬌：「我喜歡妹妹，媽媽再生一個嘛，我還可以幫妳照顧她，泡奶給她喝，還會帶她出去玩。」

　　我很感動，心想兒子終於想通了，抱著兒子一頓猛誇。晚飯後，我就對他說了我的真實想法：「媽媽工作太忙，年齡也大了，

沒打算再生一個小孩，媽媽有你一個寶貝就夠了。」

兒子看了我好半天，才小心翼翼地問：「真的嗎，媽媽？你不喜歡妹妹了嗎？」

我很肯定地回答：「雖然喜歡，但我不會再生一個妹妹，只要你一個孩子。」

接下來兒子的反應讓我至今難忘：

他哭著撲到我懷裡，說：「我也不想要妹妹，我只想媽媽生我一個……」

我非常震驚！這才意識到自己竟然被一個 3 歲的小孩給騙了。後來我反思，應該是出差前的那次責備，刺激到了兒子，讓他誤以為我不要他了，又兩天沒見到媽媽所以他感到害怕了，因此我一回家，他就違心地說自己想要妹妹、想照顧妹妹那些謊話。

如果不是他主動跟我講，我完全沒意識到他在撒謊，因為無論是他當時講話的語氣、表情還是動作，都在表達他特別想要個妹妹，他成功地把我給騙倒了。


舉這個案例是想說明一個問題，千萬不要小看孩子「察言觀色」的能力，永遠不要低估一個孩子的情商與智商，孩子很可能會因為一些我們可能忽視或想像不到的原因，有意或無意地對我們隱瞞他的真實想法，尤其是當他意識到如果他講出真實想法，爸爸媽媽可能會不高興的情況下。

### 3 · 父母有時會「自以為是」

　　每個人看問題的角度是不同的，父母是強勢的一方，再加上自認為所做的一切都是為了孩子好，會自然而然地認為：「我走過的橋比孩子走過的路還要長，孩子還那麼小，他懂什麼？聽我的就對了。」所以，有時候父母不會耐心地瞭解孩子的問題、傾聽孩子的聲音，更不會站在孩子的角度去看問題，導致父母自以為瞭解孩子，其實瞭解的是自己想像中的孩子，並不一定是自己孩子真實的想法。

### 4 · 父母不會正確地和孩子溝通

　　菲姐脾氣急，一向習慣了兒子對自己言聽計從，可是她最近很苦惱，因為她覺得現在自己和兒子越來越無法溝通了。

　　她說：「有時候我很想心平氣和地和孩子聊一聊，但是不知道為什麼，經常說不到三句，兒子就表示不耐煩，不理我了。」兒子這種態度會讓菲姐忍不住發脾氣。然而，她越發脾氣，兒子越不理睬她。現在母子倆幾乎到了水火不容的地步了。

　　像菲姐這樣的父母有很多，很多父母「教育」、「規範」意識很強，孩子的優點和成績好被視為理所當然，他們關注的重點是孩子的缺點和可能遇到的危險，總愛敲打、警示、規範孩子。

　　這類父母在與孩子聊天時，可能會帶著居高臨下的說教態

度。試想一下，如果你是個孩子，會願意和這樣的父母繼續聊下去嗎？顯然不會。這種方式在短期內可能會有「良好」效果，孩子會變得老實聽話，但這種與孩子缺乏感情連接的溝通方式，特別容易產生親子感情障礙，從長遠來說，對孩子人格的養成也不利，親子矛盾往往會在孩子進入青春期後爆發出來。

那麼，如果父母不瞭解孩子，會帶來怎樣的負面影響？

（1）父母走不進孩子心裡，影響親子關係

孩子在青春期之前，如果父母不瞭解孩子的真實想法與感受，就像案例中的宣宣，被媽媽誤解、冤枉，雖然她還不會和媽媽爭吵，但內心是留下傷痕的，有很長一段時間和媽媽的關係變得不再親近了。如果類似的事情經常發生，那孩子就會漸漸地變得不願意和父母講話；而父母由於不瞭解自己的孩子，忽視孩子內心的需求，甚至可能會做一些令孩子反感的事而不自知。

現在很多孩子對外人熱情，唯獨對自己的父母冷漠，根本原因還是出在父母身上，因為父母和孩子缺乏溝通，連接父母與孩子之間感情的橋樑「坍方」了。所以，如果父母不瞭解自己的孩子，最直接的後果就是親子之間逐漸生疏冷淡。

（2）父母教導孩子時，無法做到因材施教

不瞭解自己孩子真實想法的父母，無法知道孩子的問題所在，更沒有辦法因材施教。因為每個孩子都是與眾不同的個體，

不同的孩子需要的教育方法也不相同。

　　小晏是個安靜的孩子，特別聽話，但小晏的媽媽喜歡和別人家的孩子比較。看到樓上同年級的豆豆學習成績好，就質問：「你看看人家豆豆，這次又考了滿分。為什麼你的成績就沒進步呢？」

　　看到別人家的孩子愛打籃球，就質問小晏：「我也給你買了籃球，你為什麼不好好鍛鍊呢？」這讓小晏感到特別難過，問媽媽：「媽媽是不是喜歡別人家的小孩，不喜歡我了？」

　　每個孩子的天賦不同，他們的特長和優勢也不相同，有的孩子擅長文科，有的孩子擅長舞蹈，有的孩子擅長體育，有的孩子擅長書法……像小晏也有很多優點，他喜歡安靜地畫畫，曾經在美術比賽中多次獲得獎狀。此外，他還喜歡算術，參加小學數獨比賽也獲得了不錯的成績。這些都是出於興趣自己學的，並沒有專門訓練過。如果小晏的媽媽能夠因勢利導，相信小晏在自己喜歡的美術和算術中，會變得更加自信、優秀。

（3）會讓孩子到了青春期後更叛逆

　　父母不瞭解自己的孩子，不管是哪一種原因導致的，最終都會讓孩子的內心感到不被認可、被忽視，感到很孤獨，又或者是覺得父母根本不愛自己，也不瞭解自己，總是和自己起衝突。那麼這種壓抑和孤獨，等孩子到了青春期就會爆發出來，導致孩子

以暴躁、叛逆的行為來表達自己的不滿。

# 讀懂孩子的心，贏得孩子合作

「談話的藝術，是聽與被聽的藝術。」讀懂孩子的心，有以下幾種方法：

## 1‧尊重孩子，提供能自由表達的家庭環境

也許有人覺得不可思議，「難道如今還會有人不讓孩子說話嗎？」確實，沒有哪個父母會限制孩子說話的自由，但作為父母的我們思考一下：

「和孩子溝通時，我真的把孩子放到與我平等的位置來對話了嗎？」

「孩子在說話時，我有仔細聆聽嗎？聽後有認真對待孩子提出的問題嗎？」

還是下意識地認為：

「孩子還小，懂什麼？我替他做主就行了！」

「孩子聽父母的話天經地義！」

「我做這麼多都是為了孩子好。」

這些想法並沒有錯，但孩子是獨立的生命體，他需要被尊

重、被認同。試想，如果連自己的父母都不認同自己，他哪來的自信去面對他人？

　　如果孩子預感到這件事情「說了爸爸媽媽也不會聽」、「說了也沒用」、「說了爸爸媽媽會不高興」、「說了會被罵」，那麼出於趨吉避凶的本能，孩子自然而然就會陷入「說了也沒用，不如不說」、「如果會被罵，不如換個說法」這樣的惡性循環。這會讓孩子對父母撒謊，隨著孩子長大，他們與父母的交流越來越少，遇到事情不願意和父母溝通的重要原因之一。


## 1 · 調整好自己對孩子的期待值

　　很多人認為不能給孩子過高的期望，擔心期望過高會給孩子過大壓力。其實不然，有研究發現，如果父母對孩子期望比較高，那麼孩子的成就動機就高。反之，如果父母對孩子要求比較低、期望比較低，那麼孩子的成就動機就會相對降低。「心有多大，舞臺就有多大」，孩子「心」的大小，很多時候取決於父母的期望，期望值的高低是孩子未來成就「天花板」的高低。如果期望值過低，可能會壓制孩子未來的發展潛力。

　　讓孩子壓力大、負擔重的主要原因並不是期望值過高，可能是父母對期望值的表達方法、實施方式出錯了。


　　（1）錯誤的表達方式

錯誤的表達方式主要表現為把自己的期望直接強加給孩子，而不是給孩子更高的期望，兩者雖然看起來很接近，但其實是兩碼子事。強加給孩子的期望，孩子不一定願意接受，如果孩子反感，那結果很可能適得其反。

　　奇奇是一個四年級的男孩，他從幼兒園時起就喜歡消防車、消防器材，他的夢想就是長大當一名消防員。「爸爸媽媽，我長大想當一名消防員，當消防員超酷！」每次和爸爸媽媽講起自己的夢想時，奇奇的眼睛都在放光芒。

　　可是奇奇的爸爸和媽媽都很反對：「消防員有什麼好的，工作辛苦又賺不到錢。當醫生多好啊，工作體面收入又高。」

　　奇奇：「可是我想當救火、救人的大英雄！」

　　爸爸：「你懂什麼，消防員太危險了，當消防員能有多大成就。當醫生多好，救死扶傷，也是救人啊，也是英雄。」

　　在和爸爸媽媽討論幾次後，奇奇眼裡的光芒逐漸消失。他不再和父母討論自己的夢想，整個人消沉下來，學習熱情也下降了不少，甚至開始用「拖延」作為武器，來默默反抗父母「強加」給他的關於醫生的夢想。

　　（2）正確的表達方式

　　正確的表達方式則表現為將自己的期望，透過鼓勵、引導傳遞給孩子，最終孩子與父母的期望達成一致，而這個期望孩子透

過努力也可以實現。這樣的期望不但可以說明孩子明確的奮鬥目標，還能增強孩子的自信心。

　　像奇奇這麼大的孩子，關於未來的夢想會有很多個，而且經常發生變化。不論孩子的夢想是什麼，夢想本身並不重要，重要的是夢想能不能鼓勵孩子當下更加努力地學習，所以，我們沒必要和孩子當真，打擊他的士氣。

　　在奇奇談論自己想當消防員的夢想時，可以這麼回答孩子：「爸爸很高興你有這個夢想，消防員很偉大，當消防員要掌握很多知識，還要有強健的身體。所以，你要努力學習、堅持鍛鍊身體，才能實現你的夢想。」

　　（3）錯誤的實施方式

　　第一種表現為插手過多孩子的學習或生活，這樣的父母既費力又不討好。其實，我們無須插手過多孩子的事情。想想看，我們能教他一年級、二年級、三年級的課業，難道還能教他到高中、大學嗎？

　　我們能替孩子收拾衣服直到他高中畢業，難道還能跟在他後面為他收拾一輩子嗎？

　　顯然不能。總有一天，我們要放開牽著孩子的手，讓孩子獨立生活、獨立學習。既然要放手，那麼越早放手越好，越早放手孩子越能學會自己成長。

　　第二種表現為父母的期望超出孩子的正常能力範圍，並且因

此過度鞭策孩子。雖然孩子可能會因為渴望得到父母的肯定而全力以赴，但孩子會因為長時間無法達到目標而自我否定、放棄，甚至身心受創。

安安是一名五年級的學生，相當乖巧、聽話，在校成績處於班級中上。馬上要上國中了，父母很焦慮，於是幫安安訂下學習目標，一定要考到第 1 名。

安安很聽話，在父母的鞭策下明顯比以前努力用功了，期中考試成績出來了，安安從班級第 15 名考進了前 5 名，有了很大進步，安安的媽媽很高興。但為了不讓孩子過於驕傲，他們對安安的要求更加嚴格了，分析考卷時，劈頭就一頓罵：「這道題根本不該錯，這麼簡單！」、「粗心大意，明明可以做對的，怎麼能看錯題了，考試時都在想什麼？」……

接下來，安安確實更加努力了，每天晚上複習到 11 點多，期末考試時安安非常緊張，害怕考不好。結果成績還不錯，他考了全班第 4 名。

安安的媽媽內心很滿意，但她認為只有嚴格要求才能讓安安再進一步，於是更嚴厲地批評他。同時，因為安安沒考到第 1 名，所以取消了安安暑假旅遊和玩樂的時間。放假期間，每天都為他安排了滿滿的作業、補習課程，希望安安在六年級時衝刺到第 1 名。

可是安安漸漸變了，他變得沉默寡言、呆呆的。到了六年級

下學期，安安不但沒有考到第 1 名，成績反而直線下滑到 20 名之外。安安哭著說：「我永遠考不到第 1 名，我不想去上學了。」之後生了一場病，隨後孩子迅速消瘦了下來，醫生說安安精神出現了問題，有抑鬱的表現。

「文武之道，一張一弛」。在父母的逼迫下，安安那根「弦」一直繃得緊緊的，得不到放鬆的機會，取得了成績也沒有得到肯定與鼓勵。由於一直沒考到第 1 名，沒有達到父母的要求，加之父母的逼迫，安安心裡的那根「弦」斷掉了，陷入了嚴重的自我懷疑、否定，最終垮掉，身心受創。

（4）正確的實施方式

身為父母，我們需要做的非常簡單，那就是多傾聽、多肯定、多給孩子鼓勵，幫助孩子樹立「我可以」的信心，並期望他盡己所能去做。如果孩子沒達到預期的目標和期望，也不要僅以學習成績作為判斷標準，而要多肯定孩子做事的過程中所付出的努力。

電影《我和我的冠軍女兒》中關於女兒吉塔要不要拚個冠軍這個問題，有一段父親和教練對吉塔說的經典臺詞。

教練：「不要輸得太難看。」
父親：「妳不會輸！」

教練：「有些人注定不是打國際比賽的料。」
父親：「妳輸掉的，是妳本應該贏得的比賽！」

教練：「至少妳要拿塊獎牌。」
父親：「妳註定是冠軍！」

教練：「現在妳至少可以有一塊銀牌了。」
父親：「贏得金牌，妳將成為印度的榜樣！」

　　對於女兒比賽目標的設定，教練對吉塔的期望是「不要輸得太難看」，後來吉塔贏了幾場比賽後，他對吉塔的期望變成了「至少你要拿塊獎牌」。

　　而吉塔的父親一直鼓勵女兒奪冠，並且堅定地相信吉塔一定能奪冠，給吉塔的期望值很高。在訓練和比賽過程中，教練給吉塔的基本上是負面消極的指導，而吉塔在爸爸的信任、鼓勵之下，一步步奪得了世界冠軍！

　　生活中我們會接收很多心理暗示，這些暗示有的是積極的，有的是消極的。父母是孩子最信任、最依賴的人，也是給孩子施加心理暗示的人，簡單來說，就是父母對孩子的影響力非常巨大。如果父母長期給孩子消極、負面的心理暗示，那麼，孩子的情緒就會受到負面影響。反之，如果父母對孩子寄予厚望、積極

肯定，經常給孩子期待的眼神、讚許的笑容、激勵的語言、溫暖的擁抱，經常激勵孩子，那麼孩子會更加自信強大。

## 3・不要輕易否定孩子

在和孩子互動過程中，有時為了讓孩子按我們的想法快速完成某件事，我們很容易忽略孩子本身的感受。

孩子磨蹭著不出門，不想去上學。家長脫口而出：「別的小朋友都去上學，你不上學想幹什麼？想以後流浪街頭嗎？快點

**知識小課堂 羅森塔爾效應（畢馬龍效應）**

美國心理學家羅森塔爾曾做過一個試驗：他把一群小白鼠隨機分成 A 組和 B 組，並且告訴 A 組的飼養員說，這組小白鼠非常聰明；同時告訴 B 組的飼養員說他這一組小白鼠智力一般。幾個月後，教授對這兩組的小白鼠進行穿越迷宮的測試，發現 A 組的小白鼠竟然比 B 組的要聰明，因為它們能夠先走出迷宮並找到食物。

羅森塔爾教授受到啟發，他來到一所普通中學，在一個班裡隨便地走了一趟，然後就在學生名單上隨意選了幾個名字，告訴他們的老師說：「這幾個學生智商比較高，非常有潛力。」

過了一段時間，教授又來到這所中學，奇蹟又發生了，那幾個被他選出的學生現在真的成了班上的佼佼者。這就是心理學上著名的「羅森塔爾效應」，又稱畢馬龍效應。

走，要遲到了！」

　　孩子喝湯慢，說燙。家長不耐煩：「哪裡燙了，快點喝！」

　　孩子晚上不敢一個人去上廁所，說害怕。家長：「不要怕，有什麼好怕的！連這個都怕，膽子也太小了，快點去！」

　　孩子磨蹭著不穿鞋，說鞋子難看，家長：「明明很好看啊，哪裡難看了？趕緊穿上。」

　　如果父母試圖透過打壓的方式否定孩子的感受與情緒，讓孩子屈服，這種做法在孩子年齡比較小的時候可能會有效，因為這時的孩子會認為父母說的話都是對的，即便覺得不對也無力反抗。但隨著孩子年齡的增長，這會讓孩子覺得自己是不被愛、不被關心的，導致孩子採取哭鬧、摔東西、拖延等方式來反抗；要不然就是屈服，覺得自己的想法不重要，漸漸忽略自己的想法，變得沒有主見，遇事唯唯諾諾。

## 4・認真聆聽，瞭解並尊重孩子的真實想法

　　「霍桑效應」告訴我們：如果想要孩子配合父母，父母得先走進孩子的內心，瞭解孩子的想法、包容孩子的情緒，這也是尊重孩子的第一步。

　　孩子在學習、成長的過程中難免會有困惑與不滿，我們首先得學會把孩子放在平等的位置上，不要急著去命令孩子該怎麼

## 知識小課堂 霍桑效應

1924 年，哈佛大學心理專家梅奧帶領研究小組到了經營電氣的霍桑工廠，試圖透過給工人增加休息時間、提高薪資等外在條件，來提高工人的工作積極性。然而，無論這些條件如何改變，工人的生產效率一直沒提升。

後來，這個工廠請來很多專家，在兩年的時間內找工人談話兩萬餘人次，耐心聽取工人對工作、工廠管理方面的意見，讓他們盡情地將抱怨宣洩出來。結果，霍桑工廠的工作效率得到了極大提高。這種現象就是心理學上著名的「霍桑效應」。

做，也不要急著否定孩子，無論孩子的想法是否正確、是否荒謬，先認真傾聽孩子的想法，接納孩子的情緒，避免簡單隨意地否定或嘲笑他們。「你怎麼這麼慢」、「你快點啦，每天拖拖拉拉的」這樣的話起不到任何正面作用，無法幫助孩子解決問題。

在和孩子溝通過程中，盡量少說多聽，認真聆聽孩子的想法。

在聆聽的過程中，多用半開放式和引導性問題，耐心地引導孩子說出來。比如：


「你當時在做什麼？」

「你是怎麼想的？」

「你的感受是怎麼樣的呢？」

「你有解決的辦法嗎？」

「如果是我，我覺得可以……」

「明天如果再有這種情況，你願意這麼做嗎？」

「其實你可以試試……」

「真的很難呢，那不妨這樣……，你覺得怎麼樣？」


　　鼓勵、引導孩子講出內心真實的感受，講出生活、學習中的困惑，講出對父母、學校、老師和同學的不滿等。不論孩子講得對不對，提的建議是否可行，我們首先要鼓勵孩子大膽地說出來，把積壓的情緒宣洩出來，只要能讓孩子做到這一點，親子溝通就成功了一大半。

## 5．認同孩子的感受，表達自己的觀點，引起孩子的共鳴

　　孩子講出自己的想法和感受後，我們要給予積極的回應，認同孩子的感受。比如：批評孩子拖延，讓他改掉這個壞習慣時，如果孩子不接受，可以這樣問：「在你看來，我想要你吃飯快一點、寫作業快一點，你感覺我不問緣由就天天催你，所以你很不開心，是嗎？」

　　接下來和孩子說明自己為什麼要這麼做，告訴孩子原因。也可以跟孩子講講自己小時候類似的經歷和故事。比如：

媽媽小時候做事也是慢吞吞的。

有一次吃飯，大家都吃完了我還沒吃完，你外婆就把飯菜都端進廚房，不讓我吃了，我都沒吃飽。下午餓肚子了，當時我非常生氣，覺得外婆太壞了，一點也不顧及我的感受，為什麼就不能在吃飯時等等我？

後來，你外婆說：「我不能讓妳養成這些壞毛病。妳看院子裡的那棵小樹，它要想長成高高的大樹，現在就得把它樹幹上長的小樹枝不斷砍掉，這樣才能保證樹幹長得又高又直，長成參天大樹。妳現在就是小樹，拖延這樣的毛病就像樹幹上的小樹枝，只有不斷砍掉，妳才能像小樹那樣，長成大樹。」

## 6・和孩子詳細說明事情的前因後果

孩子對陌生事物有好奇心是正常現象，如果父母試圖用一句「不行」制止孩子，反而會將孩子的注意力轉移到這個事物上，這時就會產生「潘朵拉效應」。「潘朵拉效應」指的是在沒有完善解釋的情況下，一味地禁止反而會讓人們對該事物更加具有好奇心。這時這個事物對他們來說就會有比之前更加強烈的吸引力，讓孩子不斷想要注意它、開啟它，於是就會反其道而行。

因此，當我們要求孩子做什麼或不做什麼時，要清楚明白地告訴孩子原因，以及可能產生的後果，否則結果可能適得其反。

## 7・在良好溝通的基礎上，贏得孩子的合作

美國心理學家簡・尼爾森在《正面管教》中提道：「在糾正孩子的行為之前，先要獲得孩子的心。」有了上述六步，基本上可以讓孩子打開心扉，走進孩子心裡，這是贏得孩子合作的基礎。

　　有了合作的基礎之後，接下來讓孩子聚焦、關注當下要解決的問題。關於問題要如何解決，我們不需要高高在上地給孩子下達指令，可以採取引導的方式：一是讓孩子主動思考如何解決，自己主動找辦法；二是對孩子思考不全面之處給予建議和補充。

　　比如：

　　「對於這個問題，你打算怎麼做呢？」

　　「如果這麼做，會有什麼樣的後果？」

　　「如果產生了這樣的結果，你覺得能接受嗎？」

　　「如果以後再遇到類似的問題，你有什麼想法？」

　　如果孩子沒有找到好的解決辦法，父母可以提出一些建議，直到與孩子達成共識。

# PART 2

## 孩子常見拖延行為及拖延對策

# 04 ／缺少時間觀念

「孩子做事總是隨心所欲、拖拖拉拉。」

陽陽剛上一年級，陽陽的媽媽特別關注他在學校的表現。

一次家長會後，陽陽的媽媽和班主任聊起陽陽在學校的表現。班主任說：「陽陽這個孩子挺聰明的，也很乖。只是做事情有點慢，規定的隨堂作業很多時候無法完成，有些拖延。」

媽媽很重視這個問題，特意找了個時間和陽陽聊天，問陽陽：「老師規定的隨堂作業為什麼在課堂上無法完成啊，是太難了不會做嗎？」陽陽驕傲地回答：「才不是呢，我都會做，媽媽你可不要小看我。」

媽媽：「是不喜歡寫作業嗎？」

陽陽：「沒有啊，我願意寫作業。」

媽媽：「那為什麼在課堂上無法完成呢？」

陽陽不能理解：「為什麼一定要完成啊？我可以晚上回家做

呀。」

　　媽媽：「可是，老師要求隨堂作業要在課堂上完成呢。」

　　陽陽：「老師說第二天交也可以啊，我第二天都會交的。」

　　媽媽無話可說。


　　陽陽的媽媽特意觀察陽陽上學的情況，發現孩子賴床不願意早起，吃早餐也慢吞吞的，總是拖到最後幾分鐘甚至上課鈴響了才到學校。

　　放學回家，陽陽習慣先吃點水果、喝點水，玩一會兒、休息一下。晚飯後，陽陽和爺爺到樓下去散步了，理由是「吃過飯得散散步、消化消化」。就這樣 1 個小時過去了，回家時差不多快 8 點了，這才開始寫作業。

　　寫完作業後，還要再玩一會兒，然後洗漱、讀睡前繪本等，等到睡覺時已經晚上 10 點多了。陽陽的媽媽這才意識到，孩子在無意之間已養成了拖延的習慣。


　　陽陽出現作業晚交、上學遲到、晚上回家要玩很久才寫作業等現象，一開始陽陽的媽媽以為這是因為孩子不喜歡學習，後來透過連續觀察發現，這是陽陽缺少時間觀念，時間知覺還不敏銳導致的，在上述現象中陽陽並沒有意識到自己是在拖延。

## 導致孩子拖延的因素：時間感知力

孩子對時間有一種天生的「感知惰性」，也就是說，在孩子眼裡，時間彷彿是不存在的，他們對時間的感知力與掌控感比較弱。比如看電視，「再看 10 分鐘」，結果一看就是半小時；說好了 7 點開始寫作業，結果磨蹭到了 8 點還不寫。

「1 分鐘、10 分鐘、半個小時……」這種對於成年人來說簡單易懂的時間認知，對於孩子來說則是非常抽象、難以理解的。他們既不明白「馬上」有多快，也不理解「10 分鐘」、「8 點 10 分之前」是什麼意思。所以，如果我們只告訴孩子「10 分鐘內必須吃完飯」，他可能並不能準確接收到我們要傳達的資訊。

時間感知力是對事情發生的前後順序和持續長短的直覺反應。孩子的時間感知力不是天生的，而是隨著孩子年齡的增長、生活經驗的累積和認知能力的提升，逐步發展起來的。

心理學家認為，孩子的時間知覺一般是在 3 歲左右開始萌芽。在幼兒園時，孩子的時間知覺是從「早晨是起床的時間」、「去上學是吃過早餐的時間」、「上午是午餐前上課的時間」、「中午是午睡的時間」、「下午是午睡後上課的時間」、「晚上是放學回家後」……這些簡單的認知中逐步培養出來的。

到了小學以後，孩子 1 天的課程安排得非常緊湊，孩子的時間知覺會迅速發展。最先掌握的是「一節課」的時間和課間休息的時間，然後是 1 天、1 星期和 1 個月，並逐漸理解 1 小時和 1 天、1 天和 1 個星期之間的關係。前蘇聯心理學家研究發現，小學階

段的孩子對 1 分鐘時間的估計，一般是少於 1 分鐘的，隨著年齡增長，正確率會逐漸提高。

　　簡而言之，對於孩子來說，時間既抽象又難懂，非一朝一夕就能理解透徹。所以，即使我們苦口婆心勸孩子抓緊時間，也可能是在「對牛彈琴」，收效甚微。

　　下面這些行為，是孩子缺乏時間概念的常見表現：
- 混淆早上、上午、中午、晚上等概念；
- 不能準確地認識鐘錶上的時間；
- 不清楚 1 分鐘、10 分鐘、30 分鐘、1 小時等時間大概有多長；
- 早上起床慢，吃飯時間長；
- 整理書桌、收拾玩具時，不催他的話就要花很長時間才完成；
- 玩起來就把所有的事情拋於腦後，無法控制自己玩的時間；
- 洗漱、刷牙等需要反覆提醒、催促；
- 到晚上睡覺時間不願意睡，總是一拖再拖；
- 放學回家先玩要後寫作業，玩的時間控制不好，經常熬夜寫作業。

## 對策：幫助孩子學會時間管理

　　培養孩子的時間管理能力，越早越好。越早開始訓練孩子，見效越快，做父母的就越輕鬆，不用催也不用吼。3 到 12 歲是

培養孩子時間管理能力的關鍵年齡階段，如果在這一時期引導孩子進行時間管理能力訓練，讓孩子養成高效的時間管理能力，對孩子的一生都是受益無窮的。

根據孩子時間知覺能力的發展規律，我們可以分三步來培養孩子的時間管理能力。

## 1‧教孩子掌握時間的基本概念

初生的嬰兒是有一些基本的時間概念的，他們會根據媽媽安排的時間作息，養成睡覺、吃奶、醒來的時間規律，從而形成自己的生理時鐘。

孩子 3、4 歲時，有了基本的時間知覺，父母可以給孩子製作一個玩具鐘，讓孩子自己撥動指標玩耍，讓孩子逐漸感知到時間的存在，相當於給孩子做一些早期的「時間啟蒙」。

孩子 5、6 歲時，在上小學前帶孩子去買一個小鬧鐘，讓他自己選一款他喜歡的款式，這樣他對鬧鐘會更感興趣。正式教孩子學習認識鐘錶，認識秒針、分針、時針，瞭解 1 秒、1 分鐘、1 小時等基本時間單位，學習認識時間，瞭解時間的基本概念。

如果說孩子早期「時間啟蒙」可以不做，那麼教孩子認識鐘錶這件事，建議一定要做。因為上小學後，學校的時間管理非常嚴格，上學不能遲到，課間休息時間是固定的，讓孩子早早地認識時間，能幫助他更好地適應小學生活，也有利於培養孩子的時間管理意識。

為了讓孩子更簡單地瞭解時間，可以講一個關於「鬧鐘三兄弟」的小故事給小孩聽。

　　在故事開始前，先準備一個鬧鐘，然後問孩子：「你知道什麼是時間嗎？」、「你能看到它嗎？」、「你能抓到它嗎？」……
　　引起孩子的興趣後，再接著講：「時間公公是個調皮的小精靈，它有一種神奇的魔法，就是『隱身』。我們既看不到它，也摸不到它，但是你的小鬧鐘很厲害，它可以捉到它，讓時間小精靈不能再『隱身』。」
　　接下來，就拿著小鬧鐘講鬧鐘的故事。
　　「小鬧鐘裡住著三個兄弟，他們負責捕捉時間精靈，破解時間精靈『隱身』的魔法，讓我們可以看到時間。三個兄弟中，老大叫時針，負責管理『小時』；老二叫分針，負責管理『分鐘』；老三叫秒針，負責管理『秒鐘』。他們非常敬業。你看，最小的弟弟秒針最勤快，它一刻不停地跑步，每跑一步就是 1 秒鐘，每跑一圈就是 1 分鐘。它跑完一圈時，老二分針才會跑一步，意思是 1 分鐘過去了。等老二也跑完 1 圈時，老大時針就會走 1 個小時。」

　　除此之外，也可以利用沙漏讓孩子認識時間。現在很多餐廳在上菜前會在桌上放一個沙漏，提示沙漏裡的沙子流淌完之前把菜上齊。我們可以利用這段時間，和孩子一起觀察沙漏，告訴孩

子沙漏一點點流淌代表著時間在流逝。

和孩子溝通時，多和他提時間，以此培養孩子自己學會看時間的習慣。比如：

「你們是 8 點 30 上課，現在是 8 點，路程需要 10 分鐘，我們現在可以出發了。」

「現在是 12 點，準備開飯啦！」

「現在是下午 6 點，我們 6 點半吃完飯後，一起去散散步吧？」

「寶貝，幫我看看你的手錶，現在是幾點了？」

「我們現在一起看 10 分鐘卡通吧！」

把時間融入孩子的生活中，讓孩子認識到時間是他一天生活、學習安排的重要工具。那麼，他接受時間概念會更快，對時間也會有更多、更清晰的認知。

孩子 6、7 歲時，可以教孩子使用計時器，讓孩子理解 1 分鐘、10 分鐘、1 小時等大概是多長時間，這樣做事時會有基本的時間概念。

除此之外，也可以和孩子做些與時間有關的小遊戲，比如和孩子玩計時小遊戲。比如計時 1 分鐘跳繩、計時 5 分鐘算數等。

和孩子玩設定完成任務期限的遊戲。比如在多長的時間裡收拾好自己的玩具、多長時間內完成作業等。如果孩子不感興趣，

可以採取比賽的方式進行，和媽媽比賽在多長時間裡刷好牙、穿好衣服等。

## 2．幫助孩子制訂時間計畫

隨著年齡增長、學習要求的不斷提高，孩子 7、8 歲時需要掌握時間管理的基礎方法，以應對生活、學習中的問題。其中，最有效的方式是學會合理分配時間，訂定作息時間計畫表。只有科學合理地把規則制定好，把作息時間固定下來，孩子才能夠清晰地認識時間，養成良好的作息習慣。在固定的時間段內學習，這樣的習慣養成後，能促使孩子學習時帶有一定的緊迫感，進而集中注意力，提高學習效率。

此外，還要想辦法挑起孩子的興趣，鼓勵孩子定時、定點去完成某件事，這麼做也有益於孩子專注力的培養。

最後，請注意：作息時間計畫表做好後，我們一定要鼓勵孩子按計畫執行，不要隨意變動。

陽陽的媽媽在和老師溝通後，決定以做時間計畫表作為解決孩子「拖延症」的第一步。

媽媽邀請陽陽一起安排每天的作息，做了《陽陽一週時間表》（見圖 3）。

陽 陽 一 週 時 間 表

| | 星期一至星期五 | 星期六 | 星期天 |
|---|---|---|---|
| 7:00 | 起床 | | |
| 7:10－7:30 | 晨讀 20 分鐘 | | |
| 上午 | 上學 | 9:45－10:30<br>鋼琴課 | 9:00－11:00<br>英語課 |
| 下午 | 上學 | 14:00－16:00<br>書法課 | 15:00－17:00<br>圖書館或自由活動 |
| 17:30－18:00 | 晚飯 | | |
| 18:00－19:00 | 練鋼琴 | | |
| 19:00－20:30 | 寫作業<br>19:00－19:10 準備工作（喝水、上廁所、準備好作業本、文具等）<br>19:10－19:40 國語作業<br>19:40－20:00 數學作業<br>20:00－20:15 英文作業<br>20:15－20:30 預習明日功課 | | |
| 20:30－21:00 | 閱讀 | | |
| 21:00－21:30 | 親子聊天或自由活動 | | |
| 21:30 | 睡覺 | | |

時間表做好後就被貼在陽陽的學習桌前，接下來是執行計畫。每做完一件事，就在後面打一個勾，勾到閱讀的時候，孩子就知道接下來就是他最愛的自由活動時間了。如果他玩得不亦樂乎忘記時間，媽媽就會指著小鬧鐘提醒：「我知道你還想玩一會兒，不過現在到了睡覺時間。我們再玩 5 分鐘就睡覺，好嗎？」

在執行過程中，陽陽有時也會哭鬧著反抗，也會遇到很多突發問題不得不臨時改變計畫。此時，父母要有耐心，和孩子進行及時溝通。

有人會說：「我辛辛苦苦為孩子做了時間計畫表，結果孩子對時間表完全沒興趣，根本就不買帳。」這個可以理解，給孩子制訂時間計畫表，要孩子按計畫表按部就班地去做事，相當於給自由慣了、活潑愛玩的孫悟空戴上了一個「金箍」。試想，有哪個孩子會心甘情願地接受呢？

如果能夠注意避免以下幾個誤區，孩子會更容易按時間計畫表執行。

## 誤區（1）：計畫由父母制訂

以孩子為主執行的計畫一定要讓孩子親自參與制訂，不能完全由父母來決定。在孩子還沒有能力獨立制訂計畫前，父母可以在和孩子充分溝通的基礎上，徵求孩子的意見、尊重孩子的想法，並加以巧妙引導，讓孩子參與制訂的過程。這不但有助於讓他更深入地瞭解自己每天的時間是如何規劃的，也能讓孩子主動

按時間表去執行。比如：放學回家後是先寫作業還是先彈鋼琴，周末如何安排自己的時間，如何規劃好學習、運動、閱讀等，完全可以由孩子自己做主，以此鍛鍊孩子掌控時間的能力。如果孩子不願意按時間表去做，時間表做得再完美也是廢紙一張。

## 誤區（2）：計畫安排得太滿

很多父母常有這樣的念頭：「學校為減輕孩子壓力，作業變少了，孩子回到家總是玩，我得幫他報個課後輔導班或者買點練習題才行。」於是，除了要完成老師規定的作業，孩子還要完成父母規定的作業，參加各類課後班，幾乎沒有自由玩耍的時間，這會讓孩子對計畫產生非常大的排斥感。

一次週末，我去好友家做客，一進門就發現好友和她老公正在輔導兒子晨晨寫作業。在隨後的聊天中，好友一直向我吐槽晨晨：「現在的孩子簡直太不專心了，都快三年級了，要他去看書跟打仗似的，一點都不積極，拖拖拉拉，再陪讀個幾年可能會得心臟病……」

後來，趁朋友去做午飯時，我走到晨晨身邊和他聊天，問：「晨晨，你為什麼不把作業趕緊寫完呢？反正都要寫，早點寫完還能有時間去玩，你這樣拖著，不是在浪費自己的時間嗎？」

晨晨回答：「阿姨，我的作業是做不完的。完成老師規定的作業後，還要寫媽媽給我安排的語文練習題、數學練習題、英語

口語訓練，這些全部寫完後還要彈 1 小時的鋼琴，完成 30 分鐘的閱讀。就算我都完成了，媽媽還會想出新的作業。反正寫不完，我就拖著不寫。等到要睡覺了，剩下的就可以不用做了。」

我驚呆了，這簡直是「上有政策，下有對策」啊！後來，我瞭解到不僅晨晨有這樣的想法，絕大多數孩子都有這種想法：作業寫得越快，媽媽規定的作業就會越多，既然這樣不如慢慢做。

愛玩是孩子的天性，孩子在玩耍、運動的過程中會不斷提高自己的大腦思維，增進肢體協調能力，提升對自然的認知和社交能力。如果一天的時間都被學習填滿了，孩子心裡肯定很不情願，但又迫於「父命難違」，自然而然就想出了磨蹭的招數來反抗，對學習的興趣也不斷下降，更不會珍惜時間。

解決這一問題的方式之一就是不要把計畫排得太滿，如果孩子能提前完成計畫，就把多出的時間還給孩子，並告訴他：「你提前完成計畫了，多出來的時間你可以做自己喜歡的事。」孩子成為自己時間的主人，他就會有機會鍛鍊掌控時間的能力。

## 誤區（3）：任務要求過高

睿睿平時寫作業拖拖拉拉，基本上需要 2、3 個小時才能寫完。媽媽替他制訂的計畫是 1 個小時完成作業。理由是「這麼簡單的作業，如果認真寫的話半小時就能寫完，1 個小時足夠了」。

執行計畫的第一天，睿睿比平時認真很多，用 2 個小時完成

了作業。第二天，他仍舊認認真真地完成了，結果還是用了將近
2 個小時。到第三天，他就開始「自暴自棄」了，無論如何都不
願意再按計畫表執行了，說：「根本做不到，我不喜歡這個計畫
表！」

「欲速則不達」，在父母眼裡半小時可以寫完的作業，對於
睿睿來說，確實需要 2 個小時，而且完成作業的時間從 3 個小時
縮減到 2 個小時，這已經是非常大的進步了。所以要根據孩子的
實際情況制訂計畫，睿睿媽媽可以先把計畫時間調整為 2 個小時
完成，經過幾個月的練習，等睿睿有能力 1 個小時完成時，再重
新調整計畫為 1 個小時完成。

簡單來說，就是不要制訂超出孩子能力範圍外的計畫，根據
孩子的實際情況，制訂讓孩子「跳起來能碰得著」的計畫。

## 誤區（4）：沒有明確的完成時間

如果一個計畫表沒有明確到幾點幾分要完成，那它就不是一
個完整的計畫，執行效果也會大打折扣，尤其是孩子習慣卡在截
止時間前才會全力突擊衝刺。如果任務量非常大呢？前期拖的時
間過長、「欠帳」過多，最後突擊也難以完成，該怎麼辦呢？是
不是意味著計畫要拖延了？

為了更好地執行計畫，在制訂計畫時不但要有明確的時間節
點，還要把計畫分成若干個小階段，每個小階段都制定一個完成

時間節點，這樣更有利於孩子順利完成計畫。

## 3・引導孩子自主管理時間

9歲後，孩子的自我意識會進一步增強，很多孩子開始有自我獨立的需求，學習也變得有目標感，不再只是為了完成父母的要求。這種目標感的出現，預示著孩子有了做長期時間規劃和短期時間計畫的需求。父母可以嘗試教導孩子更進一步地瞭解如何合理分配時間，放手引導孩子獨立制訂計畫，學習獨立管理自己的時間。

孩子學會獨立制訂合理計畫的前提，是分清事情的輕重緩急，知道什麼是當下最要緊的事情。

在這裡，我們可以用一種簡單有效的方法——「四象限法則」（見圖4）。它促使人把主要時間和精力放在重要的事情上，而且這個方法簡單易學，完全可以用來幫助孩子合理安排自己的學習和生活。

先用「十」字把要做的事分成四個區域，並按緊急、不緊急、重要、不重要的排列組合定義為四個部分（象限）。

第一部分：緊急且重要的事情。這類事情無法迴避也不能拖延，比如老師規定的作業，必須在指定的時間內完成。

第二部分：緊急但不重要的事情。比如到樓下取快遞、列印第二天要交給學校的書面資料等，這類事情可以請父母或他人代勞。

圖 4：四象限法則

第三部分：不重要且不緊急的事。比如滑手機、發呆、遊玩，這類事情在其餘三部分事項沒有完成前盡量不要做。

第四部分：重要但不緊急的事。比如閱讀、練琴、跑步等事項，可以安排在固定的時間堅持做。

要如何操作呢？首先，父母先指導孩子如何分析事情的輕重緩急。其次，再把事情的完成順序逐一梳理清楚，合理地規劃好時間。最後，再逐漸放手讓孩子自己思考如何將事情分類，抓住重點，少做無意義的事情，從而達到提高效率的目的。

比如這個週末該如何度過？玲玲的媽媽引導玲玲使用四象限法則進行規劃。

1. 重要且緊急的事

每個週末必須完成的作業或課程。

● 參加美術班、鋼琴班。

● 完成老師規定的作業。

● 完成每週數學、國語、英語單元練習題。

2. 重要但不緊急的事

玲玲希望這週能參加的兩個活動。

● 和爸爸一起去滑雪。

● 和同學去公園採集樹葉標本。

3. 緊急但不重要的事

● 天氣變熱，和媽媽去百貨公司買一條新裙子。

● 買新的畫畫工具。

4. 不重要也不緊急的事

● 和媽媽一起去超市採購。

● 和爸媽一起去看新房子裝修進度。

平時週末沒有滑雪、採集標本這兩項活動，為了能參加這兩項活動，玲玲做了如下調整：

首先把第 3 項「緊急但不重要的事」委託媽媽幫她做，第 4 項則選擇不參加；第 1 項重要且緊急的事，提前和美術老師溝通，調整了上課時間，利用週五、周六晚上的時間去完成，這樣就能確保既能完成第 1 項的事，也能完成第 2 項的事。

通過這種訓練，玲玲非常積極主動地想辦法提高效率，既完

成了任務也達成了她自己的目標，皆大歡喜。

　　如果孩子從小就懂得合理規劃自己的時間，那麼長大之後也會如此規劃好自己的生活，在處理生活事務方面也會變得更加得心應手。

# 05 ／ 注意力不集中

「寫作業時三心二意，磨蹭半天寫不了幾個字。」

　　小雨6歲半，讀小學一年級，雖然對小學生活適應得很好，但他寫作業總是拖拖拉拉。放學後回到家，好不容易從「瘋玩」中收心，坐下來開始寫作業，結果還沒寫幾個字就開始「放鬆」了。

　　小雨：「媽媽，我渴了，想喝水。」

　　5、6分鐘後，「媽媽，我的橡皮擦到哪去了？」

　　過一會兒，媽媽發現他用鉛筆在橡皮擦上戳洞洞玩。

　　20分鐘後，小雨又跑去了廁所。

　　…………

　　兩個小時後。

　　媽媽：「你在書上畫什麼？」

　　小雨：「小鳥啊。」

　　媽媽：「作業寫完了嗎？」

小雨：「還沒。」

　　明明半小時就能完成的作業，小雨往往需要花 2、3 個小時才能完成，天天催促責備也沒什麼效果，這讓小雨的父母感到非常頭疼。

## 導致孩子拖延的因素：專注力

　　像小雨這種寫作業拖拖拉拉的情況很常見，尤其是在小學一、二年級的時候特別突出。我們不能簡單地判定這是因為孩子不愛學習，故意拖著不想寫作業，其實這種現象反映的是孩子專注力不足，注意力難以集中。

　　專注力可以簡單地理解為集中注意力、維持注意力的能力。專注力好的孩子可以把視覺、聽覺、觸覺等感官集中在某一事物上，達到深入認識或持續做一件事情的目的。經常有父母抱怨：「這孩子屁股上是長釘子了嗎？怎麼就坐不住呢？」、「做什麼都三分鐘熱度！」這往往是孩子缺乏專注力的表現。

　　但也有一些父母認為自家孩子的專注力沒有問題，「雖然孩子平時坐不住，但看卡通時就很專注啊，一坐就是 1、2 個小時，我看他平時就是愛玩，不想好好學習。」從心理學角度來看，專注力有主動和被動之分。當事件的進行需要人的思維來推動發展時，比如孩子上課、學習、畫畫等，能夠主動把握事件的進度與節奏，這是主動專注力。相反，當事件的發展不被人的主觀意志

所左右，而是按照一定的自然規律發展，這時人身為事件的「跟隨者」，就會變成被動專注。比如孩子在看電視、玩手機時表現出的專注和堅持，其實是被電子螢幕的聲光、畫面所吸引，在這個過程中孩子是被動的跟隨者。

如果孩子寫作業時三心二意，磨蹭半天也寫不了幾個字，卻能長時間坐著看電視，這說明孩子的學習專注力較差。我們要關注和提升的是孩子的主動專注力。

有一次，洛洛的媽媽向我抱怨：「洛洛都二年級了，一張30分鐘就能做完的單元測驗題，她能寫 2 個多小時。常常就是拿著筆坐在那兒發呆，我問她在想什麼呢？她說沒想什麼啊，就是在放空。你說她的成績怎麼能進步啊！」

孩子的專注力不是天生的，需要後天的培養，是一個持續且堅持自控的狀態。以下五個方面會影響孩子的專注力。

## 1・不同年齡專注力強弱不同

對於成年人來說，專注力可以保持25到35分鐘，一般來說，最多可以維持 90 分鐘，具體時間長短因人而異、因事而異。大腦中負責理性思考、專注、執行能力的是前額葉皮層，一個人的前額葉皮層在 17 歲時會達到發育高峰，到 25 歲左右完全發育成熟。由於前額葉皮層發育不成熟，孩子年齡越小，專注時間越短。而隨著孩子年齡的增長，身體逐漸發育完善，孩子的專注力就會

逐漸增強，做事情也會較少受到外界的打擾了。

　　兒童心理學認為，孩子注意力持續的時間是孩子年齡的 2 到 3 倍。也就是說，5 歲左右孩子的注意力可持續 10 到 15 分鐘，6 歲左右孩子為 12 到 18 分鐘，10 歲左右孩子為 20 到 30 分鐘，12 歲左右孩子為 24 到 36 分鐘。孩子的年齡越小，注意力的穩定性和持久性就越差。因此，低年齡層的孩子很容易受到外界的干擾，以致做起事情來不像成年人那麼專注、高效。

## 2 · 生活環境的干擾

　　3 到 6 歲是孩子專注力發展的敏感期，長輩的一些言行可能會無意識地破壞孩子專注力的發展。

　　比如：

　　孩子在專注地玩玩具，媽媽走過來問：「你在玩什麼呀？」

　　孩子在很認真地看繪本，父母不時地走過來說：「餓不餓呀？」、「喝點水吧！」、「吃點水果吧！」

　　孩子在開心地塗鴉，父母突然走過來問：「寶貝，你在畫什麼呢？」

　　孩子在寫作業，父母總愛在旁邊看著，不時提醒：「離得太近了，抬起頭，這樣下去會近視。」、「腰不要彎。」、「不要擦這麼用力，作業本都要擦破了。」、「這裡寫錯了。」……

　　孩子天生擁有旺盛的好奇心，很容易被其他事情吸引。孩子

在專心寫作業時，如果父母在旁邊聊天、做事或者是看手機，這些行為總會發出一些聲響，孩子放在作業上的心思就會被這些聲響所吸引，會很好奇：爸爸媽媽在講什麼啊？他們在做什麼？在看什麼影片？影片裡的人怎麼笑得這麼開心啊？……顯然，比起枯燥的作業，這些要有意思多了。這些場景相信父母們都不會感到陌生，正是這些常見的行為破壞了孩子的專注力。

心理學上有一種現象叫「高峰體驗」，指的是人在做事時達到的最佳狀態，是人在進入自我實現時所感受到的一種非常愉悅的體驗。外界的打擾會減少孩子高峰體驗的機會，在干擾消失的瞬間，人無法立刻恢復到滿負荷運轉的認知狀態。也就是說無論孩子還是大人，在專注做事時，如果突然被打斷，那麼需要花很長時間才能重新進入專注狀態。比如：同樣是學習 1 個小時，如果中間有 1 分鐘的干擾，可能就要多付出超過 10 分鐘的時間來恢復到干擾前的投入狀態。可見，干擾持續的時間再短，被打擾的人因干擾而付出的時間成本也會很高，這種專注過程中的不斷干擾，會讓孩子失去深度學習的機會與能力，也會在無形中損害孩子專注力的培養與保持。

## 3 · 對學習或要做的事情不感興趣

興趣是最好的老師。當一個人做自己喜歡的事情時，很容易全神貫注。而當面對無聊或不喜歡的事情時，即使想努力完成也很難長時間保持專注。孩子更是如此，當孩子對要學的知識或要

做的事情不感興趣，但迫於壓力不得不學時，他們一般會找一切
機會溜掉或去玩，這種情況下拖延也自然出現。

## 4 · 電視、手機等電子產品破壞孩子專注力

　　電視、手機以及電動等，以持續快速運動的影像、繽紛的色
彩和圖像、引人遐想的音樂或聲音吸引孩子的注意，但這種因為
外界刺激觸發起來的被動注意力，會影響大腦的自覺注意力。與
這種不用動腦的視覺、聽覺「盛宴」相比，聽老師講課、閱讀、
寫作業等需要花費大量腦力的事情，會顯得非常枯燥乏味。

　　美國華盛頓大學試驗表明，如果孩子長期觀看、使用電子產
品，所帶來最直接的傷害就是注意力發生缺陷和障礙。如果不能
集中注意力，就不能專心地學習，進而影響獨立思考的能力，學
習時自然會拖延。

## 5. 身體缺乏微量元素或者睡眠不足等生理原因

　　孩子處於生長發育階段，其健康成長離不開鈣、鐵、鋅等各
種微量元素的攝入與及時補充。有時孩子注意力不集中，可能是
因為體內缺乏微量元素，其中缺鋅的主要表現之一就是孩子好
動、坐不住。

　　另外，睡眠不足也會影響專注力。兒科睡眠研究人員瑪麗
卡斯卡頓博士說：「生命金字塔的基座，就是睡眠。」好的睡眠

是一切活動的基礎。如果孩子缺少睡眠，就會像電腦待機時間過長或載入文件過多導致超負荷運轉，電腦會當機，人的大腦和身體也會吃不消，導致注意力無法集中。

下面這些行為，是孩子專注力差的常見表現。

• 上課時難以集中注意力，眼睛不會看著老師，對於老師課堂上講的知識一知半解、充耳不聞。

• 上課時會有很多小動作，比如玩鉛筆、玩橡皮擦、玩課本、玩手指等。

• 好動、坐不住，或者坐著總是動來動去。

• 容易分心散漫，做事「三分鐘熱度」。

• 愛恍神、發呆或東張西望。

• 做事無精打采、馬馬虎虎、心不在焉，經常犯同樣的錯誤。

• 做事有始無終，常常半途而廢或草草結束。

• 對父母的指令心不在焉，似聽非聽。

• 學什麼都靜不下心來。

• 考試時，經常因為粗心、分神導致看錯題、漏字、跳行，影響成績。

• 寫作業三心二意，本來只要半小時就能完成的作業，可能需要 1、2 個小時。

• 丟三落四，比如忘了文具放在哪裡，不知道老師規定的作業，有時還會出現忘帶課本的情況。

- 無論在什麼場合都很難安靜下來，干擾大人的交談活動。
- 走路時不聽勸阻，經常毫無目的地亂闖亂跑。

# 對策：提升孩子專注力的方法

如果孩子專注力不足，可以通過訓練來改善和提升。下面介紹幾種提高孩子專注力簡單易操作的方法。

## 1 · 孩子在玩或做事時，家長要控制住自己不要去打擾

我們要允許孩子有獨處的時間，有一個相對安靜的空間以保證他能自己玩或做事，這時家長盡量不要去打擾。這個「不打擾」從孩子 2、3 歲就可以開始，無論孩子是在畫畫、看書，還是在玩遊戲，父母都不要去打擾，就算孩子需要停止遊戲了，也應該先讓他「玩完這一局」，然後再安安心心地去學習，而不是聲色俱厲地要求孩子立刻關掉遊戲，讓孩子帶著失落、不開心的情緒投入學習。

最後，再強調一遍，父母要做的其實很簡單，就是在孩子專注做事的時候，盡量控制住自己不要去打擾他。父母的不打擾，就是對孩子專注力最好的保護。

## 2 · 幫助孩子減少外界干擾因素

孩子好奇心旺盛且意志力較弱，很容易被外界事物干擾。當孩子在做一件事情時，如果他周圍的環境特別嘈雜或者有誘惑他的玩具、零食，孩子就很容易轉移注意力。這時就需要父母幫孩子排除可能的干擾因素，為他提供一個相對安靜、「乾淨」的環境，這對培養孩子的專注力非常有幫助。

當然，凡事都有一個適度範圍，太過於封閉或者絕對安靜的環境對孩子也不好，長時間封閉、絕對安靜的環境會讓孩子趨向過度淨空，一旦有一點動靜，他就很容易被驚擾，「抗干擾能力」不強，也容易造成注意力不集中。中國乒乓球隊參加奧運會備戰前，會對即將參加比賽的運動員進行抗干擾訓練，就是在訓練場上不間斷地播放球迷的吶喊加油聲，讓選手在這山呼海嘯般的雜訊干擾下體驗真實比賽時的感覺。這就是為了增強選手在比賽時的「抗干擾能力」。

小雨的媽媽發現導致小雨拖延的一個因素，是外界干擾影響他的專注力。寫作業時，小雨往往會被喝水、上廁所、找橡皮擦、削鉛筆等事情打斷。每次打斷後，他都需要花一定時間才能重新進入寫作業狀態，非常浪費時間。

因此，小雨的媽媽在制定時間表時和小雨商量：「小雨，我們在寫作業前先把喝水、上廁所都完成，然後再削好鉛筆、準備好橡皮擦，把這些影響你寫作業的『小妖怪』都打敗，最後再開始寫作業的『西天取經』之旅，好嗎？」

小雨非常喜歡《西遊記》，崇拜孫悟空。媽媽把上廁所等這些小事比喻成「小妖怪」，把寫作業比喻成「西天取經」，這讓他感覺自己像他的偶像——孫悟空一樣厲害。小雨愉快地接受了媽媽的提議，而且特別興奮，躍躍欲試，想趕緊把影響寫作業的事（小妖怪）都先做完（打敗），再去寫作業（取經）。

　　同時，針對小雨容易分心的問題，小雨的媽媽把小雨桌子上的玩具都收拾到玩具櫃裡，寫作業時除了書本和筆，桌上什麼都不放，這樣減少了外界刺激物，降低了分心的概率。果然，之後小雨寫作業的速度得到了很大的改善。

## 3・激發孩子的興趣

　　前蘇聯著名教育家蘇霍姆林斯基說：「所有有關智力方面的工作都要依靠興趣。」達文西從畫蛋開始到最後成為舉世聞名的畫家，不僅是因為他能專心作畫，也得益於他對畫畫的濃厚興趣；王羲之的書法之所以千古流傳，不僅是因為他能耐得住寂寞堅持練字，也得益於他愛好書法。

　　興趣是保持專注力最有效的方法。孩子會把注意力放在自己感興趣的事物上，比如陽陽特別喜歡奧特曼，每次玩奧特曼時都玩得廢寢忘食，有時父母喊他吃飯都聽不到。

　　培養孩子的專注力，可以從孩子的興趣入手，觀察孩子喜歡做什麼、對什麼感興趣，讓孩子專注於自己熱愛的事情，同時也可以讓孩子在學習上取得事半功倍的效果。

佳佳對心算不感興趣，讓佳佳練心算是一件讓人很有挫敗感的事。每次練習時，佳佳先是和爸爸討價還價，看能不能少算幾題，好不容易商量好，開始作題時又磨磨蹭蹭，半天算不出一道題，而且由於邊玩邊算，錯得一塌糊塗。

後來，佳佳的爸爸想到了一個方法，他將心算引入「競爭機制」，讓佳佳跟沙漏比賽，根據佳佳的能力和任務難度制定了一個「辦得到」的目標：在 5 分鐘沙漏漏完之前完成 20 道題。每打敗一次沙漏，佳佳都會產生一種成就感和掌控感。

## 4‧保證孩子有充足的睡眠和均衡的營養

對於身體還處在發育階段的孩子來說，保持充沛的精力是一切活動的基礎，而充足的睡眠和豐富的營養，是讓孩子保持精力充沛的根本。

美國睡眠科學中心創始人馬特‧沃克（Matt Walker）認為：「睡眠不足已經成為嚴重影響人們健康的一大殺手，它是一場悄無聲息的『疫情』。」父母熬夜，孩子也會受其影響，睡眠不足也逐漸成了常態。建議父母幫助孩子規劃好作息時間，堅持早睡早起，養成良好的睡眠習慣。而良好的作息習慣、高品質的睡眠會為孩子的專注力提供內在的保障。

美國國家睡眠基金會（National Sleep Foundations，NSF）對各年齡層人群的睡眠時間提出了建議（見表 1），值得注意的是兒童的睡眠時間最好不要低於 10 個小時。

表 1　美國國家睡眠基金會（NSF）的睡眠時間建議表

| 年齡 | 適合睡眠時間 | 年齡 | 適合睡眠時間 |
|---|---|---|---|
| 新生兒<br>（0～3 個月） | 14～17 個小時 | 青少年<br>（14～17 歲） | 8～10 個小時 |
| 嬰兒<br>（4～11 個月） | 12～15 個小時 | 年輕人<br>（18～25 歲） | 7～9 個小時 |
| 幼兒<br>（1～2 歲） | 11～14 個小時 | 成人<br>（26～64 歲） | 8～9 個小時 |
| 學齡前兒童<br>（3～5 歲） | 10～13 個小時 | 老年人<br>（65 歲及以上） | 7～8 個小時 |
| 學齡兒童<br>（6～13 歲） | 9～11 個小時 |  |  |

　　同時，也要注意飲食的均衡搭配，營養全面。孩子正處於快速發育階段，對營養的需求較全面，因而他們的飲食搭配非常重要，要做到營養均衡。最起碼要保證食物的多樣化，至少有葷有素（肉類與蔬菜、水果搭配）、有粗有細（粗糧與細糧搭配）、有乾有稀（有乾糧也有湯或者粥）、有鹹有甜（注意少鹽少糖）、有蛋有奶（這是孩子身高的重要保證）。營養均衡，才能為孩子提供充足的能量去專注地做事。

# 訓練：四個簡單有效的日常專注力訓練

## 1・舒爾特方格

舒爾特方格是在一張方形卡片畫上 25 個正方形的方格，並在格子內任意填寫阿拉伯數字 1 到 25（見圖 5）。它不僅可以直觀地判斷孩子的專注度，還可以通過訓練逐漸提升孩子的專注力。家長可以自己畫，也可以從網路上下載列印或購買相關練習冊。測試時，要求孩子用手指按 1 到 25 的順序依次指出其位置，同時誦讀出聲，家長在一旁記錄所用時間。指讀所需時間越短，孩子的專注力就越高。通過舒爾特方格訓練，孩子的專注力可以得到有效的鍛鍊和提升。舒爾特方格的遊戲性也很強，建議家長經常使用。同時，要注意經常換用不同數位排列的舒爾特方格，以排除記憶所起的作用。

| 23 | 10 | 15 | 20 | 11 |
|----|----|----|----|----|
| 12 | 18 | 5  | 2  | 22 |
| 9  | 1  | 24 | 14 | 7  |
| 21 | 3  | 6  | 19 | 4  |
| 17 | 8  | 13 | 25 | 16 |

| 2  | 16 | 20 | 11 | 4  |
|----|----|----|----|----|
| 18 | 9  | 24 | 7  | 17 |
| 5  | 13 | 1  | 23 | 12 |
| 21 | 15 | 25 | 8  | 19 |
| 10 | 3  | 22 | 14 | 6  |

圖 5：舒爾特方格

## 2. 蕃茄鐘

　　蕃茄鐘是蕃茄工作法使用的一個時間表，即選擇一個待完成的任務，將蕃茄時間設為 25 分鐘，專注任務，中途不允許做任何與該任務無關的事，直到蕃茄鐘響起，然後在紙上畫一個

「×」，短暫休息一下（5分鐘），每4個蕃茄時段多休息一會兒（見圖6）。

　　「蕃茄工作法」可以把工作時間劃分為多個蕃茄時間，每個蕃茄時間包含兩個部分：25分鐘工作時間和5分鐘休息時間。我們可以根據孩子年齡，結合孩子不同年齡層專注力維持時間的長度，靈活地調整蕃茄時間。可以從「15分鐘任務時間＋5分鐘休息時間」開始。比如：收拾臥室，先幫孩子將該任務分解為小步驟：花15分鐘整理床舖→休息5分鐘→花15分鐘把書桌收拾乾淨→休息5分鐘。以此類推，學習也可以這樣。

### 25分鐘學習+5分鐘休息

　　也可以把「蕃茄鐘」和《缺少時間觀念——「孩子做事總是隨心所欲、拖拖拉拉」》這一章的時間管理方式相結合，教孩子如何分配時間、使用時間，當孩子能在相對短的時間內集中精力做好一件事時，便有更多的時間來做其他事情。孩子學會自己掌控時間，這種成功的感覺會讓孩子更加自信。

## 3. 運動

　　美國科研人員透過研究顯示：孩子在進行適當的體育活動後，專注力會得到有效改善。在寫作業前，給孩子安排半小時的玩耍和運動時間，舒緩孩子的身心壓力，讓孩子在釋放多餘的能量後，能夠更加專注地學習；在孩子學習了一段時間後，再讓孩子做一些運動，勞逸結合，比如讓孩子騎自行車、跳繩、打羽毛球等。這樣不僅可以提高孩子的學習效率，也可以讓孩子的大腦得到適當的休息，為孩子接下來能夠更好地集中注意力做準備。

## 4. 練字、朗讀和聽寫

　　練字能夠讓孩子坐下來、靜下來，需要「心、眼、腦、手」四者緊密配合，都集中在紙和筆之上。當然，孩子在練字的過程中，父母不要過多地指導和打擾，讓孩子獨自把握進度進行練字。每天讓孩子堅持練練字，不但能讓孩子寫一手好字，也能培養孩子的專注力，一舉兩得。

　　大聲朗讀不僅可以提升孩子的詞彙量和拓寬知識面，也能夠讓孩子把注意力集中在朗讀的內容上面。堅持每天朗讀，有利於提升孩子專注力。聽寫也有類似的效果。

# 06 ／ 缺乏學習興趣

「孩子對學習不感興趣，總是拖延。」

小寶就要上三年級了，暑假裡老師規定了一項作業：每天寫一篇日記。可是每當叫小寶寫日記時，小寶的媽媽就有深深無力感，簡直太難了。

早上，媽媽提醒小寶：「小寶，你今天的日記要記得寫。」

小寶：「今天還沒過完，沒什麼可以寫的啊。」

媽媽覺得孩子說得有道理，於是就積極籌畫，準備帶孩子去博物館參觀，做一些他喜歡的事情，幫他找找靈感，累積一些寫日記的素材。

小寶聽說要去博物館，開心地歡呼起來，迅速穿好衣服、鞋子，拿上自己的小水壺，站在門口等媽媽，而且還不斷催促：「媽媽快點！」

參觀完博物館，在回家的路上，媽媽問小寶：「今天上午我們去參觀了博物館，你喜歡嗎？」

小寶大聲回答：「喜歡！我最喜歡那把劍，好酷！還有那個鏡子，古代人照的鏡子是銅鏡，真的能看得清楚嗎？我還是喜歡現在的鏡子，還有⋯⋯」

小寶很興奮，一路上把在博物館裡的見聞嘰嘰喳喳說個不停。

媽媽：「回到家後，你可以把你覺得有意思的事情寫在日記裡呀！」

小寶頓時不說話了，皺著小眉頭，看起來有點苦惱。

下午，媽媽再次提醒：「小寶，你現在可以把上午去博物館的事寫在日記裡。」

小寶：「媽媽，我累了，我想先睡覺，再寫日記。」

到了晚上，媽媽又一次提醒：「小寶，今天馬上要過完了，你的日記還沒寫！」

小寶磨蹭了半天，終於拿出日記本和筆，準備開始寫日記。

10 多分鐘後。

小寶：「媽媽，博物館裡的東西太多了，我寫不完。」

媽媽：「不用全部都寫，寫你最感興趣的一、兩件事就可以了。」

小寶抗議：「不行，我感興趣的有很多。唉，日記要寫得好長啊！」

媽媽：「日記寫多長都可以，寫一、兩頁可以，寫一、兩行也可以，你可以只寫一、兩行。」

30 分鐘後。

小寶苦惱地對媽媽說：「我不想寫博物館了，我想換別的寫。」

媽媽：「好的，隨便寫什麼都可以，你自己決定。」

小寶：「嗯嗯，我不知道要寫什麼，我想一下。」

2 小時後……

小寶：「媽媽，我今天不想寫了，明天我寫兩篇，好不好？」

第二天晚上。

小寶：「媽媽，明天我寫三篇，保證完成！」

第三天晚上。

小寶：「媽媽，明天我寫四篇，一定一定完成！」

很顯然，小寶對去博物館參觀很感興趣，但對把博物館寫進日記裡完全沒興趣。所以，去博物館孩子行動得很迅速，寫日記就一拖再拖。

## 導致孩子拖延的因素：學習興趣

小寶之所以推三阻四地不寫日記，是因為不喜歡。為什麼孩子對要做的事不感興趣呢？

### 1‧認識不到自己與學習之間的關係

對於 5 歲多的孩子來說，有時刻意拖延並不意味著懶惰，而是他們反抗父母或老師交代任務的一種方式。尤其是對於 5 到 12 歲孩子來說，他們還無法完全認識到自己和要完成的任務之間有什麼關係，因此就變得拖延，更不能很好地完成對未來的規劃。就像下面案例中的菲菲一樣，很困惑：「學這些有什麼用呢？」她不知道學習能為她帶來什麼，或者說能為她帶來哪些讓她感興趣的東西。

　　菲菲讀小學二年級，生活中她是個乖巧聽話的孩子，可是對學習卻很抗拒。菲菲的媽媽發現，菲菲每天放學時都快樂得像一隻歸巢的小鳥，蹦蹦跳跳回到家，可是一旦叫她寫作業，就立刻洩了氣，變得無精打采，找各種理由，甚至裝病，拖著不寫作業。這學期，學習成績也是直線下降。

　　菲菲的媽媽很著急，於是和老師溝通情況。

　　班主任說：「菲菲在學校很聽話，在課堂上也很遵守紀律，上課時看起來是在認真聽課，可是一旦問她問題，就發現她吞吞吐吐，回答不出來。表面上像在聽課，其實是在發呆或想別的事情。」

　　數學老師說：「課堂上規定的隨堂作業，別的同學基本能當堂做完，菲菲總是磨蹭著不寫，每次都拖著。」

　　後來，菲菲的媽媽陪她去看了她最喜歡的《龍貓》，趁機和菲菲進行深入溝通，暸解菲菲的想法。

媽媽：「菲菲，妳為什麼不想寫作業啊？」

菲菲：「老師上課教的我不想學。」

媽媽：「為什麼不想學呢？是學不會嗎？」

菲菲：「不是的，我會。可是學這些有什麼用呢？天天上學、寫作業好累，好無聊啊！如果做錯了，可能會被你和爸爸還有老師唸，我不喜歡……」

## 2．對任務的目標理解有偏差

12 歲的小帥長大後想成為一名企業家，但他經常抱怨學習沒用，說：「馬克‧祖克柏、賈伯斯大學都沒有畢業，還不是很厲害！所以上學有什麼用呢？好好讀書又有什麼用？」

在小帥的認知中，學習並不能讓他成為企業家，不學習未必就不能成為企業家，反而成功的概率更大。

很多孩子對學習的價值觀是模糊的，我們告訴一個 7、8 歲的孩子：「你要好好用功讀書，只有好好讀書，長大才能考上好大學，考上大學以後才有好的工作。」他可能不太理解大學的概念、為什麼要考大學，更難以理解為什麼只有考上大學才會有好的工作。

如果不能讓孩子切實感受到學習的價值，那麼孩子就很可能像小帥、甜甜一樣，認為上學是沒用的。這樣一來，孩子會對學習心生抗拒，對學習更沒什麼興趣了。

## 3 · 體會不到學習的樂趣

每一個健康孩子都具備學習能力，只是有些孩子對學習不感興趣，沒有把心思用在學習上而已。而生活中誘惑孩子的東西又有很多，比如各式各樣的玩具、遊戲、電視節目、短影片等，就算是成年人都很容易沉溺其中，何況是孩子！在孩子眼中，與外界的誘惑相比，學習則無聊很多，上學、讀書、作業是無趣的，在學校除了上課就是考試，放學後除了寫作業就是上課後輔導班。對於這些不感興趣的事，孩子反抗的武器就是拖、拖、拖。

而孩子對自己感興趣的事情會非常執著，會讓自己不斷地重複這種體驗，從而得到源源不斷的快樂。如果父母不想辦法給孩子增添學習樂趣，而是透過指責和懲罰等方式來逼迫孩子學習，那他們便會開啟痛苦、恐懼、抗拒的模式，對學習產生越來越強烈的抵觸心理。

下面這些行為，是孩子缺乏學習興趣的常見表現。

• 對學習自我要求不高，不關注學習成績，成績不好不會感到難過。

• 對學習不專心，做作業拖延、態度不認真。大多數時候，作業都必須讓父母的檢查。

• 常常說「不喜歡上學、不想去上學」。

• 上課注意力不集中、不認真聽課，心思不在學習上。

- 沒什麼求知欲望，沒什麼上進心。
- 總想著玩，花很多時間在與學習無關的事情上，輕重不分。
- 沒有學習目標，不想制訂學習計畫。

# 對策一：激發孩子內在興趣

興趣是最好的老師，有了興趣孩子才能願意學，並樂在其中。那麼，我們在激發孩子的興趣時應該做些什麼？

## 1．瞭解教育的目的

法國作家聖－修伯里在其作品《小王子》中說：「如果你想讓人們造一艘船，不要雇人去收集木頭，不要發號施令，也不要分配任務，而是去激發他們對海洋的渴望。」

孩子的教育不僅僅包括傳授知識、培養品質，更重要的是培養孩子的學習能力。「學習能力」這四個字是我讀了二十幾年書後，在研究生畢業典禮上才領悟的一個道理：大學教育的終極目的並不在於傳授專業知識，而在於培養終身學習的能力。

如今看來，這不僅是大學教育的目的，準確來說更是教育的目的。教育的目的不僅是給孩子傳授和灌輸知識和技能，而且是讓孩子掌握學習的能力。

因此，我們對孩子的教育方式不能僅僅是要求與命令。「雞蛋從外打破是食物，從內打破是生命。」要從內心深處喚醒孩子

內在的精神能量和夢想，啟發孩子的潛能，激發孩子主動學習的興趣與創造力，讓孩子主動去尋找、探索知識。

## 2‧幫助孩子理解「學習和我有什麼關係」

成人眼中的世界與孩子的可能完全不同，我們也不能要求孩子從成人的認知視角去看待這個世界。比如：孩子可能不理解「趕快睡覺」和「明天好好上課」之間有什麼關係，更不能理解「我為什麼要上學」這個問題。我們需要適時幫孩子解讀：學習這件事與他個人之間到底是怎樣的關係。

想讓孩子好好學習，有必要告訴孩子為什麼要好好學習。為什麼要努力學習？有人說是為了將來擁有選擇的權利，為了提升認知，改變思維，以跨越階層等。對於 5 到 12 歲的孩子，我們可以用更加簡單直白的方式，把孩子學習的內容和實際生活聯繫起來，讓他們切實感受到學習對他們的作用。

比如：

在機場，可以告訴孩子：「如果機場告示牌上的這些字你都認識，那麼你就可以自己找到候機室了，以後就可以自己搭飛機去旅遊了。」

在超市，可以告訴孩子：「如果你學會了算術，就能自己拿零用錢去買你喜歡的零食了。」

在電影院，可以告訴孩子：「是不是特別喜歡看《復仇者聯盟》？如果你學會了英語，就可以看原版的美國電影，長大後你

還可以到美國旅遊。」

　　除此之外，父母的做法對孩子理解學習與自我之間關係的影響也比較大。比如：孩子考了 100 分，父母會有表揚和誇獎，而沒考好時，則有各種批評與指責。會讓孩子形成錯誤的認知：爸爸媽媽不愛我，只在乎我的成績。有的父母甚至會用物質上的付出要求孩子用等價的學習成績來回報，這也是一種不可取的做法。沒有父母的陪伴，也得不到父母的關愛，孩子怎麼可能能體會到學習的樂趣呢？在孩子的成長之路上，不只有成績，父母還要善於發現孩子身上的潛力，用心陪伴，讓孩子感受到父母的愛。

## 3・激發孩子的內在動機

　　《我和我的冠軍女兒》這部電影，講的是曾經的摔角手——爸爸馬哈威亞在印度一個落後貧窮的村莊裡，在典型的「重男輕女」的傳統文化之下，把兩個女兒培養成世界摔角冠軍的故事。馬哈威亞培養孩子成才的關鍵，就是讓孩子的內力覺醒。馬哈威亞不顧全村人的嘲諷，每天近乎苛刻地幫女兒安排高強度訓練，嚴格控制飲食，還把印度女孩最重視的一頭長髮剃了……這些嚴苛的要求幾乎突破了女兒們所能承受的極限。再加上孩子自控力較弱、心生抗拒等原因，所以，女兒們想盡一切辦法，能拖就拖，

能偷懶就偷懶，不願認真訓練。

　　有一次，兩個女兒沒有去訓練，而是偷偷跑去參加朋友的婚禮，結果被爸爸發現了。爸爸非常生氣，動手打了侄子一巴掌，也不捨得打女兒。兩個女兒非常傷心，她們不理解爸爸為什麼非要逼著她們學摔角。那個 14 歲就成為新娘的朋友對她們說，她寧願像她們一樣去訓練，也不願為了減輕家裡負擔而嫁給一個陌生人，一輩子困在鍋碗瓢盆裡。

　　到這時，女兒們終於明白了父親的苦衷，開始主動訓練。在女兒們反抗訓練的過程中，爸爸馬哈威亞用足夠的耐心和苦心，最終激發了女兒的內在力量。


　　想讓孩子不拖延、主動學習，不能一味強迫，可以通過各種方法去喚醒孩子內在的好奇心、快樂感、幸福感，或者是責任感與精神動力，讓孩子用發自內心的巨大力量驅動自我學習。這時，即使不主動要求孩子學習，他們也會自己去尋找自己需要的知識。

　　簡單來說，就是找到一個讓孩子熱愛學習的理由，讓孩子發自內心地喜歡學習，對於喜歡的事情無論多麼辛苦都不會覺得苦，反而會樂在其中。否則，父母與孩子之間很可能會發生一場曠日費時的對抗戰爭：孩子不想學，重擔之下苦不堪言；我們為了讓孩子學，天天和孩子鬥智鬥勇，心力交瘁。

那麼，該如何激發孩子的興趣呢？這裡分享幾種方法。

（1）分析孩子厭學的原因，及時解決

導致孩子厭學的原因很多，比如被老師責備了，上課回答錯誤被同學嘲笑了，被迫寫作業等等。我們要做的就是根據孩子的行為表現，具體分析孩子不喜歡學習的原因，及時幫助孩子解決。

（2）利用孩子的好奇心，達到預期目的

「唐宋八大家」中蘇家占三個名額——「三蘇」，即父親蘇洵和兩個兒子蘇軾、蘇轍。據說，蘇軾和蘇轍小時候並不愛讀書，他們的父親蘇洵故意在孩子面前看書，孩子湊過來時又把書藏起來，這讓兩兄弟對讀書產生了極大興趣。蘇洵利用孩子的好奇心，越不讓他們看，他們越喜歡把書偷出來細讀，據說不到一個月時間，兄弟倆都愛上了讀書。

（3）把學習任務與孩子的興趣連結起來

我們要讓孩子多參加有益且感興趣的活動，並想辦法把他們的興趣與學習聯繫起來，將興趣引導到學習上來，以此培養和激發新的興趣。

我兒子最討厭寫作文和日記，每次都不知道怎麼寫，不然就是纏著要我教他，我說一句他寫一句，或是找範文抄幾句，幾乎每次都要哭鬧一場。但是他很喜歡摺紙，最喜歡摺各式各樣的紙

飛機，於是，我建議他在日記裡寫寫如何摺紙飛機，他把自己摺飛機的過程，需要注意哪些問題，摺好以後自己是多麼高興，如何試飛，都一一寫出來了，寫了滿滿兩頁，還意猶未盡。

（4）讓孩子當老師，提供運用知識的機會

幾乎每個孩子都有「好為人師」的一面，父母可以適當示弱，裝作不會，與孩子一起學習，讓孩子化身為老師去教父母。當孩子站在教師的立場，他為了當好老師，為了能讓自己的「學生」聽懂明白，他學習起來會認真很多，遇到問題也會先自己努力解決。這個小技巧不但提高了孩子的學習興趣，對孩子自身的學習也有很大的幫助。

（5）開啟競賽模式

「競爭」是人類的本能，比起一個人努力，不如讓孩子和朋友們或對手競爭，這樣能激發孩子自身的潛力。有條件的話，還可以讓孩子和同齡的小朋友一起學習，一起寫作業，看誰寫得既快又好，也可以引導孩子找一個比自己成績好的同學作為榜樣，爭取逐步趕上、超越。

# 對策二：好習慣的養成方法

著名教育家葉聖陶說：「教育是什麼？簡單來說，只是一句話，就是要養成良好習慣。」英國哲學家、數學家羅素說：「**從小養成良好習慣，優良素質便猶如天性一樣堅不可摧。**」習慣是在一定情境下，人們自覺地去完成某個事項。習慣的養成有一個前提條件，就是需要在一定時間內持續完成同樣的事，形成後天條件反射，成為自動化的動作或行為。一個成年人每天有 40％的行為是受習慣支配的，可見習慣的力量是非常巨大的。孩子也一樣，一旦養成一個習慣，就會不自覺地在這個軌道上運行，這會大大降低由於對事情不感興趣等心理抗拒因素帶來的拖延，以及不愛學習等各種問題。「少成若天性，習慣如自然」講的也是這個道理。

解決孩子的各種拖延問題，可以從培養孩子的良好習慣開始。不同習慣的養成所需時間是不同的，學習、做家事等，堅持一、兩個月基本可以養成；早睡早起的生活習慣可能需要三、四個月才能養成。養成良好的習慣要趁早，越早越好，「早期教育花一公斤的氣力，等於後期教育花一噸的氣力」。一、二年級階段，孩子學習任務相對輕鬆，建議在這個階段重點培養孩子良好的學習習慣。

我的兒子從 5 歲開始學鋼琴，進入小學後，由於要完成作業，

我們就嚴格規劃了他的練琴時間：每天晚上6點至7點。有一次，放學晚了，在接他回家的路上，兒子一直在問：「媽媽，現在幾點了，是不是快6點了？」等我第四次回答他：「是的，現在已經6點10分了。」他突然就哭了，對我嚷著：「媽媽，你車開快一點，我該練琴了。」

他的反應讓我非常驚訝，因為練琴很枯燥，他從來沒有主動練過琴，這是「太陽打西邊出來了」，第一次為了主動練琴急哭了。

這樣堅持練琴一個學期後，到了暑假，我們想讓孩子放鬆一下，就沒有嚴格按這個時間要求他去練琴，於是就發現了一個有趣的現象：白天讓他練琴，他非常抗拒，無論怎麼說也不願意去練，但到了晚上6點左右，他自己就會主動跑去練琴。這時，我才明白，原來每晚練琴已經成為他的習慣了，到了這個時間，他就會主動做這件事，與是否喜歡練琴已經沒有多大關係了。

那麼，要如何培養孩子的好習慣呢？可以按照下面的步驟進行。

## 1·從制定小目標開始

一般來說，大目標比較宏觀，很難落實，比如制定本學期目標：期末考試數學要考100分。可是每天要怎麼做到呢？如果沒有具體可執行的小目標，孩子會感到茫然。大目標可以讓孩子與

父母有共同努力的方向，而每天的學習，需要制定可量化、可執行的小目標，比如每天晚上閱讀 30 分鐘或 20 頁，每天心算 50 道題，這種具體的小目標更容易讓孩子執行。

此外，制定目標時要注意其難度。心理學上有個「登門檻效應」，當請求別人幫助時，如果一開始就提出較高的要求，很容易遭到拒絕。可是如果先提出較小的要求，別人同意後再增加要求的分量，那麼更容易達到目標。

「登門檻效應」可以應用在給孩子制定目標上。先給孩子提出較低的目標和要求，等他們按照要求做了，予以肯定、表揚，然後逐漸提高目標，這樣不但可以激勵孩子不斷積極向上，也會幫孩子養成好的習慣。比如一般孩子 30 分鐘能讀 10 頁書，那麼一開始可以制定簡單些的目標——「30 分鐘讀 9 頁」，等到孩子連續達成此目標後，再制定孩子「辦得到」的目標，比如「30 分鐘讀 11 頁」。習慣的力量在於能堅持下來，所以一開始定目標時，一定要讓孩子能完成，只有完成才有可能讓孩子堅持下來，進而養成習慣。

## 2・形成固定模式

把要養成的習慣設定成每天在固定的時間、固定的地點去完成固定的目標，這樣很容易形成穩定的節奏感。比如，培養孩子的閱讀習慣，要注意為孩子規定每天在固定時間，到固定的閱讀區（比如書房、臥室）去閱讀。

有調查顯示，學習成績好的孩子，一般能在規定的時間內完成學習目標。孩子把學習形成一種時間定向，會不自覺產生學習的情緒和願望。這種時間定向能有效減少孩子投入學習前的準備時間，讓孩子快速進入學習狀態。這不僅能訓練孩子學習的專注力，也能提高學習效率。

　　從上幼兒園起，旭旭媽媽每晚都會在旭旭睡前陪他讀繪本，這件事堅持了三年。上小學後，學校要求孩子每天至少閱讀30分鐘，媽媽給旭旭安排的閱讀時間，是放學後到吃飯前的這段時間。旭旭非常不高興，大聲抗議：「不是睡前讀書的嗎？為什麼要改時間？」於是媽媽重新把閱讀時間調整到睡前。之後，即便沒有媽媽的陪伴，旭旭也能自己堅持睡前讀書。

　　後來，有幾次旭旭寫作業寫到晚上10點多，媽媽擔心太晚睡影響他第二天上學，就對旭旭說：「今晚不閱讀了。」旭旭強烈抗議，他仍堅持要讀完書再睡覺，看著他倔強的樣子，媽媽只好同意了。

　　這就是習慣的力量，幼兒園三年養成的好習慣，讓旭旭形成了睡前讀書的固定行為模式。

　　以上是有效糾正孩子因為對學習興趣不大引起拖延問題的關鍵步驟，一旦孩子形成每天到了固定時間就要學習的好習慣，就像每天吃飯、喝水一樣，學習也成了每天必須要完成的行為。

### 3.引入激勵機制，增添樂趣

利用孩子愛玩的天性，可以替學習計畫加點趣味性。比如用遊戲去執行，父母和孩子以比賽的方式一起去完成。

激勵的方式有兩種：一是精神的獎勵，當孩子做得好的時候，一定要及時地肯定、表揚，讓他知道是哪個具體的行為做得好，值得表揚，以此增強孩子的自信，促進習慣的養成。二是物質的獎勵，比如孩子喜歡的書、新的籃球、一盒彩色筆等。切記不要給予過多的物質獎勵，不然孩子的學習目的就變了。可以參考本書《物質獎勵的反作用——「給孩子買玩具或把零用錢等作為獎勵，可是孩子更拖延了」》這一章。

### 4.制定計畫表，把習慣變成日常行為

透過制定作息時間計畫表或學習計畫表（如何做計畫表，可以參考《缺少時間觀念——「孩子做事總是隨心所欲、拖拖拉拉」》這一章裡的解決辦法），把已經養成的好習慣固定下來，變成每天必做的事。這時，就可以開始進行下一個新習慣的培養了。

在培養孩子的習慣時，需要注意以下幾個問題。

### （1）不要同時培養孩子多個習慣

一次只培養一個習慣，不要貪多，切忌一次培養多個習慣。習慣的養成非一日之功，需要經歷長時間的堅持和練習，所以在孩子習慣養成的初期，把注意力集中在一個習慣的培養上更容易成功。

## （2）習慣的行動規則越簡單越好

不要制訂複雜的計畫，如果非要制訂，那就把複雜的習慣拆解成簡單的小習慣。比如作息習慣，重點培養早睡這一點就好，可以拆解成晚上 9 點睡、早上 7 點起床、午睡 30 分鐘，無須太複雜。如果能做到每天晚上 9 點睡，早上自然會起得早，早睡早起的習慣也就自然而然養成了。複雜的計畫很難堅持下來，堅持不下來就形成不了習慣。

## （3）堅持執行，不隨意更改，同時預設例外的規則

我們要耐心引導孩子在固定時間做固定的事。比如確定了晚上 6 點開始學習，就不能隨意更改。對於意外情況，也需要在制訂計畫時提前考慮好應對措施，讓行動規劃有一定的彈性。如果孩子因為生病導致一段時間無法按計畫學習，那麼在康復後接下來的幾天時間裡，可以透過每天多學 30 分鐘來彌補。

## （4）幫孩子持之以恆地堅持下去

懶惰是人類的天性，孩子在不成熟的狀態下自制力更弱，很多時候他們對於要做的事情都是一時興起隨性而為，一會兒喜歡這個，過一陣子又喜歡那個，尤其是學習，更容易放棄。學習都會經歷這樣一個過程：

第一階段：對要學習的事情充滿興趣。

第二階段：學了一段時間後失去興趣。

第三階段：堅持練習，形成習慣。

第四階段：形成習慣後漸漸重新感興趣。

最後階段：獲得成功。

很多父母在孩子進行到第二階段時就放棄了，「既然孩子不感興趣，強摘的瓜不甜，不想學就算了」，這也是很多孩子報名課後班、才藝班，卻半途而廢的主要原因。

做為孩子的成長導師，父母要教會孩子持之以恆。在培養習慣的過程中，如果孩子不配合或者效果不理想，父母一定要態度鮮明地表明自己的立場，給孩子畫定界限，讓孩子知道有些規矩是必須要遵守的。


## （5）不要過度關注結果

習慣養成的關鍵在於不斷重複同樣行為的過程，如果父母要求孩子不但每天堅持做，還要達到指定的目標。一旦達不到目標，孩子就會產生挫敗感，這種挫敗感對孩子來說，會讓堅持下去的難度呈現幾何倍數增長。

因此，重點是培養孩子每天堅持去做的這個行為，將習慣的培養放在第一位，關注它的過程，不必過於關注結果，不必要求孩子每天必須百分之百達成目標。

# 07 ／ 來自父母的負面影響

「父母經常催促、批評，可是孩子越催越慢。」

瀟瀟已經上四年級了，對作業還是能拖就拖。

爸爸晚上下班回到家時，看到瀟瀟一直在玩貼紙，於是提醒道：「別玩了，趕快去寫作業。」

瀟瀟把貼紙扔到一旁，滿臉不高興，悻悻地回答：「我等下再去！」

爸爸克制住自己內心竄起的怒火，但聲音還是不自覺地提高了幾個分貝：「都幾點了，每天寫個作業要拖到 10 點多，趕快去寫，別逼我發火！」

瀟瀟不情不願地拿起書包走向書桌，同時撂下一句：「什麼都是你說了算，天天命令我，總有一天你會把我逼死！」

只是希望孩子早點完成作業，沒想到孩子竟說出這樣的話，爸爸也感到震驚，陷入了沉思。

「明明只想督促孩子快點完成作業，為什麼孩子更加拖延，

為什麼會強烈抗拒？」

「和孩子溝通時，為什麼我總是忍不住發火，甚至和孩子相互攻擊？」

「我只想讓孩子快點寫完作業，怎麼就這麼難？」

# 導致孩子拖延的因素：父母的教育方式

孩子拖延不僅僅是因為孩子自身，還與父母的教育方式有關。想一想，面對孩子寫作業慢、做事慢，你有沒有催促，有沒有控制不住地對孩子大吼大叫？一般來說，隨著情緒失控的逐漸升級，父母可能會表現出下面幾種行為。

## （1）不斷催促、嘮叨

這時父母比較有耐心，希望孩子能理解「我這麼做都是為了你好」的良苦用心，但對孩子來說，這屬於「糖衣炮彈」型的催促。

## （2）嚴厲下達命令

這時，父母仍在努力控制情緒，但已經不自覺地開始提高分貝，語氣也開始變得嚴厲起來，要求孩子按自己的命令去做。像上面案例中的瀟瀟的爸爸，就是從心平氣和地與孩子溝通無果

後，上升到了嚴厲下達命令。

## （3）批評、責備

這時，父母的情緒已經到了「火山爆發」的臨界點，「好好跟你說你不聽，非讓老娘（老子）發飆不可」，語氣中已經帶有明顯的怒火，隨時準備給孩子來個「河東獅吼」。

## （4）動手打罵

隨著怒火不斷往上竄，這時，父母的情緒已經不太穩定，理智已經失控，嚴重時甚至會出現動手打孩子的情況。我們經常會聽到或看到一些父母在暴怒的情況下動手打孩子的新聞報導，希望透過「武力鎮壓」來解決孩子不聽話的問題，或者是藉此發洩自己的情緒。

也許你的父母就曾經這樣對待你，所以你也改不掉這個習慣，一旦孩子的行為與自己預期的不符，就任由怒火發洩在孩子身上。或者你壓力太大，一時間忘了控制情緒。所有這些反應，不僅不會緩解孩子的拖延行為，反而會摧毀親子之間的關係。

## 1・你是哪種類型的父母

1967 年，美國心理學家戴安娜 鮑姆林德（Diana Baumrind）做過一項著名的調查，從兩個維度重點研究父母教養行為對孩子

發展的影響：一是父母對待兒童的情感態度，即回應性（接受—拒絕）維度；二是父母對兒童的要求和控制程度，即要求性（控制—容許）維度，歸納出權威、專制、放任三種基本的家庭教育模式。

1983年，心理學家埃莉諾麥考比（Eleanor Maccoby）和約翰·馬丁（John Martin）在戴安娜 鮑姆林德的基礎上，提出了四種家庭教育模型，即權威型、專制型、縱容型和忽視型（見表2）。

表2 四種家庭教育模式對比分析

| 家庭教育模式 | 特點 | 優點 | 缺點 |
|---|---|---|---|
| 權威型 | 合理要求<br>適當限制<br>一致的強化<br>敏感響應接納孩子<br>強調規則重視親密 | 利於孩子身心成長 | 對父母要求高<br>堅持的難度大 |
| 專制型 | 制定規則和命令<br>獨斷專行控制力強<br>對孩子需求不敏感<br>強調規則忽視親密 | 孩子順從聽話 | 孩子壓抑、易焦慮<br>缺乏安全感<br>充滿怨氣<br>易孤僻多疑 |
| 縱容型 | 父母溫和<br>較少的規則和要求<br>給予孩子很多自由<br>忽視規則重視親密 | 孩子成長環境<br>自由自在 | 表現不成熟<br>自控力差<br>探索能力弱<br>受挫能力弱 |
| 忽視型 | 父母不管孩子<br>對孩子需求不敏感<br>很少的規則和要求<br>忽視規則忽視親密 | 無好處 | 表現不成熟<br>易出現適應障礙<br>攻擊性強<br>自控力弱 |

大量研究顯示，權威型家庭教育模式最有利於兒童的心理社

會發展和學業成績表現，不受種族、文化、家庭結構、社會經濟地位的影響，相對而言是較合適的家庭教育方式。

當孩子的行為與預期不一致時，我們可能會用嘮叨、催促、吼叫、懲罰等方式強制命令孩子去做事，這屬於專制型教育方式。專制型教育方式主要體現在父母喜歡制定規則與下達命令，對孩子本身的需求不敏感，對孩子的控制力比較強。這種教育方式雖然會讓孩子變得順從聽話，但帶來的弊端則是孩子變得壓抑、焦慮，對父母和父母強制要求做的事會有滿腹怨言。

2004 年，以色列學者阿維・阿瑟（Avi Assor）和蓋・羅斯（Guy Roth）與美國動機心理學家愛德華・德西（Edward Deci）合作，對百餘名大學生進行了調查研究，詢問他們原生家庭的養育模式，與他們的學習成績、身體健康情況、社交關係，和自我情緒控制能力之間的關係。

結果顯示，父母在家裡管得多、管得嚴的孩子，表現得更「聽話」，但是這種「聽話」的背後隱藏著巨大的代價。這些孩子對自己父母的反感與厭惡程度更高，並覺得自己的行為和生活取決於「一種巨大的壓力」，而不是「我自己的選擇」。此外，他們在成功之後所獲得的幸福感會更加短暫，並有可能在之後陷入對自我的否定狀態。

天天催促孩子「快點」，只會讓孩子的拖延問題變得越來越嚴重，因為這種方式更多的是在傳達父母焦急的情緒，並沒有給孩子提供任何解決問題的方法，因此，拖延的問題會一直存在。

同時，父母與孩子在這場博弈中勢必會「兩敗俱傷」，父母一直處於焦慮中，孩子則如一棵樹苗失去陽光、水分一樣日漸枯萎。

在孩子的成長過程中，建議少一點催促，多一點耐心。

## 2・父母的教育方式與效果

### （1）催促、嘮叨會適得其反

電影《大話西遊》中有一個經典場景，唐僧對著綁架他的小妖精不斷地嘮叨：「人和妖精都是媽生的……你媽貴姓啊？」結果小妖精被嘮叨得受不了。電影為強調戲劇性效果，演得比較誇張，但這一幕之所以被評為經典，歷久不衰，是因為它讓很多人產生了強烈的心理共鳴——回想起小時候被媽媽「魔音傳腦」天天嘮叨的情景。

對成年人來說，先做什麼後做什麼，事先在腦海中是有一定規劃的，但對於孩子來說，如果沒有經過父母或老師的引導，他很難具備這樣的能力。如果我們不了解情況，像唐僧念經一樣天天催促孩子，那麼問題就來了：一個拖拉、磨蹭、做事不用心的「大磨王」往往就這麼養成了。

　　育兒時很容易出現「超限效應」，尤其在孩子拖延的時候，我們一次、兩次、三次，甚至無數次地不斷催促「快點、快點、再快點……」，孩子的心理很容易像馬克·吐溫一樣發生微妙的變化，從最初的內疚不安到不耐煩，再到反感、討厭，被「逼急」了，最後可能會出現「我偏要慢慢來」的反抗心理和行為。

　　拖延情況嚴重的孩子背後，往往有性格急躁、期望值高和控制欲強的父母。在教育孩子的過程中，有些父母總是不斷地在「督促」、「命令」孩子完成既定的目標，很少和孩子商量，也很少給孩子選擇的機會。

　　我們要注意，對孩子的催促不要超過限度。如果孩子拖延，我們可以提醒孩子，讓他動作加快，原則上建議只提醒一次。如

果非要再次催促，建議不要簡單地重複，要換個角度、換種說法。這樣，孩子才不會覺得同樣的問題被爸爸媽媽一直緊盯著不放，厭煩心理和逆反心理也會隨之減少。

## （2）責罵會加重孩子的拖延行為

「愛之深，責之切。」父母責罵孩子的背後都隱藏著一分用心良苦，目的是希望孩子能越來越好。但這種責罵在心理學上屬於語言暴力，「磨蹭」、「拖延」、「慢吞吞」等詞語都屬於語言裡的「貼負面標籤」。這些負面標籤從父母的口中反覆出現，會讓孩子記住，從而認為自己就是負面標籤上那樣的孩子。古人云：「數子十過，不如讚子一功。」建議把這些「負面標籤」改成正向的、積極的語言來引導孩子，發現孩子有進步的地方，及時給予肯定和鼓勵。

### 知識小課堂 貼標籤效應

第二次世界大戰期間，由於兵力不足，美國政府決定讓關在監獄裡的犯人去前線戰鬥。奔赴前線前，美國政府派了幾個心理學專家，對犯人進行了戰前的訓練和動員。訓練期間心理學專家對他們沒有過多的說教，而是要求犯人寄給親人的信中寫自己服從指揮、勇敢作戰等內容。結果，這批犯人在戰場上的表現，正如他們信中所說的那樣服從指揮、勇敢拚搏。後來，心理學家就把這一現象稱為「貼標籤效應」，心理學上也叫「暗示效應」。

不管是「貼標籤效應」還是前面曾提到過的「羅森塔爾效應」，講的都是一個道理，是在告訴我們，每個人在生活中都會接受不同的心理暗示，有些暗示是積極的，有些是消極的。父母是孩子最信任和最依賴的人，同時也是對孩子心理暗示最有影響力的人。如果父母經常對著孩子吼叫「你怎麼天天拖拖拉拉」、「這麼簡單的事你都這麼慢」等等，長期下來會給孩子類似的負面的心理暗示，孩子可能就會真的成了父母口中批評的「拖延大王」。

## （3）過度施壓，會造成孩子拖延

陶行知先生在武漢大學演講時，曾特意帶了一隻公雞和一把米，他把米握在手中，用另一隻手強迫公雞吃米，結果公雞受了驚嚇，不僅不吃米，還拍打著翅膀想掙脫。後來，當他把米隨意地撒在講臺上，並遠離公雞時，公雞反而主動跑回來啄起了米。

教育孩子就跟拿米餵雞一樣，如果總想控制孩子、逼迫孩子，不僅會破壞孩子的內在動力，還很容易激起孩子的逆反心理。

凱凱很喜歡籃球，爸爸說：「升國中時，體育考試有一門是球類測驗，你要選擇一項球類運動，我幫你報了籃球班，你必須天天練習，要打得非常好才行！」

凱凱的爸爸還經常帶他看籃球賽，希望以此激發凱凱的熱

情。可是事與願違，凱凱越來越不喜歡籃球，每天拖著不願意去上課，即使去了在練習過程中也是敷衍了事。

凱凱非常沮喪，對媽媽說：「爸爸是不是希望我像喬丹一樣厲害？可是我跳不了那麼高，我投籃也不準，我做不到！」

凱凱原本很喜歡籃球，但在爸爸的過度施壓下，打籃球反而成了他的一種心理負擔。類似的父母施壓，會無意間觸發孩子拖延的開關。

每個人都喜歡待在自己的舒適圈，尤其是孩子。學習對他們來說，本來就不是一件輕鬆簡單的事。學習的過程就是主動走出舒適圈，不斷挑戰自我的過程。如果這時我們在一旁不斷施加壓力，逼著孩子學習，無疑是「雪上加霜」，這會讓孩子很難感受到學習的樂趣，進而可能會採用拖延的方式來表達不滿。

下列這些表達方式會讓孩子更拖延，您是否經常會有這些行為？

- 「看看都幾點了，怎麼還沒寫完作業？」
- 「快點吃飯！再不走上學就要遲到了！」
- 「天天這麼會拖，什麼都做不好，長大後等著流浪街頭去吧！」
- 「再拖拖拉拉的，以後別叫我媽媽！」
- 著急或生氣時，有時會忍不住動手打孩子。

● 著急或生氣時，有時會忍不住大聲吼孩子。

● 著急或生氣時，有時會忍不住罵孩子。

● 著急或生氣時，有時會以「我不要你了」或離開家等方式威脅孩子。

● 看著孩子磨蹭，有時會忍不住催促孩子。

# 對策：不催不吼，幫孩子減少拖延行為

## 1・責人先責己，父母需要時時「自省」

美國養育革命先鋒裘莉・李斯科特・海姆斯在《如何養出一個成年人》一書中提出：「孩子的問題之根源不在孩子身上，而在於父母錯誤的養育方式。」

我們不要奢望事先沒有經過練習，孩子自己會頓悟，突然有一天變得不拖延了，這顯然是不實際的。孩子身上出現拖延等任何問題，都是在提醒我們不要一味地責備孩子，反思一下自己的教育方式是否也有問題，並做出改變。

## 2・改變大吼大叫、命令式的溝通方式

很多父母在孩子教育問題上之所以「翻車」，很可能是沒有與孩子建立起和善而堅定的溝通氛圍，不知不覺中提高分貝，使用了控制和命令的語氣，從而使親子關係變得僵硬對立。

生氣或憤怒時，我們要盡量做到不管教孩子，因為人在憤怒時很難保持理性，這時講的話往往情緒大於內容。

美國著名心理學教授艾伯特‧麥拉賓（Albert Mehrabian）通過十年的研究，分析口頭和非口頭訊息的相對重要性，得出以下結論：

溝通時資訊的 100％傳遞＝ 7％講話內容＋ 38％聲調＋ 55％肢體語言。

55％肢體語言：來自視覺上的身體語言，包括儀態、手勢、姿勢和表情等。

38％聲調：來自溝通時的聲音，包括語氣、聲調以及速度等。

7％說話內容：來自溝通時講的內容。

由此可知，在與孩子溝通時，父母傳遞給孩子的資訊中，談話內容只占 7％，而其餘 93％來自父母溝通中的語氣、表情、姿勢等。

如果父母的肢體語言和聲調充滿憤怒和威脅，那麼孩子會本能地身體緊繃、情緒緊張，注意力集中在父母憤怒的臉龐、高分貝的語氣，以及粗暴的行為上，根本無暇顧及父母在說什麼。

澤澤曾跟我講過他犯了錯被父母責罵時的感受。

那是小學五年級上學期時，有一次他在路上貪玩遲到了，而那天他們班的第一節課非常重要，學校請了多位老師來他們班聽

課打分數，導師很生氣，打電話告訴家長這件事。

等澤澤晚上放學回到家，澤澤的爸爸就大聲質問他跑哪去了？

爸爸板著臉衝他大發脾氣，澤澤說當時他感到非常緊張和害怕。他根本沒有留意父親說了什麼，滿腦子都是爸爸生氣憤怒的表情，還有拍桌子的動作和聲響。

這場訓斥，足足持續了半個小時，他記住的，只有父親冷著臉用力拍桌子的樣子，以及最後那句質問：「我說了這麼多，你聽到沒有？」

澤澤雖然回答「知道了」，但實際上卻一無所知，除了恐懼。

生氣時，有個簡單的方法可以調節自己的情緒，那就是美國前總統湯瑪斯・傑佛遜所說：「當你生氣時，請你盡量控制自己的情緒，從 1 數到 10。如果怒火繼續燃燒，那就從 1 數到 100。」如果數到 100 後還是無法平靜，那就暫時離開現場，或者是轉移自己的注意力，先去做別的事，等平靜下來後再和孩子溝通。

## 3・把責罵變成正向引導、鼓勵

據調查，有接近 90％在品質、意識和智力方面有傑出表現的人，年幼時期都感受過來自家長的積極暗示。我們要盡量減少責怪、抱怨、威脅、恐嚇等負面語言，多給孩子積極肯定，通過

期待的眼神、讚許的笑容、肯定的語言來激勵孩子，給孩子多貼正向標籤，讓孩子更加自信、自強。

康康是個一年級的孩子，寫作業比較慢，康康的爸爸是急性子，每隔一會兒就去看看孩子作業寫到哪裡，看一次就催一次：「快點寫，怎麼這麼慢！」、「看看現在都幾點了，怎麼還沒寫完？」有時在氣頭上還會口不擇言：「天天這麼會摸，什麼事都做不好，以後別叫我爸爸，我沒你這麼拖延的孩子！」

康康一邊寫作業一邊偷偷擦眼淚。寫作業變成一件讓康康內心感到痛苦、非常抗拒的負擔。

後來，經過溝通，康康的爸爸決定控制自己的脾氣，把對孩子的發火、責罵換成正向語言來表達。

康康準備寫作業了，爸爸也拿出電腦，對康康說：「我也要開始工作了，我們來比比，看誰先完成？」康康答應了，最後，爸爸讓康康贏得了這場比賽，並鼓勵說：「你今天寫作業時非常認真，所以你贏得了比賽，恭喜你！而且你今天完成作業用的時間比昨天短了 10 分鐘，這是很大的進步，爸爸為你感到驕傲。」得到爸爸的肯定，康康感到很開心，第二天寫作業時勁頭更足了。

## 4‧讓孩子自己承擔拖延的後果

讓孩子為自己的拖延行為負責，承擔拖延的後果。這種教育

方式來自 18 世紀法國思想家盧梭提出的「自然懲罰」，就是「讓孩子從經驗中取得教訓」。這種方式曾被無數父母驗證「比嘮叨、指責和催促有用 100 倍」。父母的說教、命令、逼迫、哄騙或責罵，其實都是在向孩子表達自己的要求，孩子被動甚至是充滿怨氣地接受。與其這樣，在事情的結果可控且不超過底線的情況下，不如讓孩子自己去選擇，在實踐中完成學習，去「自作自受」幾次。比如孩子磨蹭著不好好吃飯，就適度讓他嘗嘗饑餓的滋味；看電影磨磨蹭蹭，就讓他體驗電影被取消的後果。

點點是家中的「小磨王」，早上起床總是磨磨蹭蹭的，為了能讓他準點上學，家裡每天總是上演一齣「雞飛狗跳」的催叫戲碼。

後來，點點的媽媽決定試試「自然懲罰」的方式。早上到出門時間，提醒點點：「還有 15 分鐘，你需要穿衣、漱洗和吃早餐，不然就要遲到了。」點點依然無動於衷，磨磨蹭蹭的，媽媽強忍著不去催，等點點磨蹭了差不多 40 分鐘後終於收拾好出發去學校了。

到了學校，點點發現第一節課都快上完了，導師問：「為什麼會遲到？」點點支支吾吾答不上來。導師嚴厲地訓斥了點點，他在全班同學的注目下走到座位上，這讓他感到十分羞愧。

點點到家後的第一件事就是大哭著找媽媽算帳：「媽媽你今天怎麼不提醒我要遲到了，害得我在全班同學面前丟臉！」

媽媽沒有指責他「是你自己磨磨蹭蹭導致的」，也沒奚落他「讓你快一點你不聽，所以才被老師罵」，而是非常溫和堅定地告訴他：

「媽媽知道你現在感覺很難過、很丟臉。但是，今天早上 7 點時我叫你起床，快遲到時我提醒你還有 15 分鐘，你沒聽進去。你現在已經 9 歲，是個大孩子了，媽媽相信你完全可以做好自己的事，上學就是你自己的事，不是媽媽的事，以後我還是會提醒你時間，你自己合理安排好，就不會再遲到了。」

經過幾次努力後，點點早上起床後明顯加快了速度，再也沒遲到過。

## 5．適當懲罰很有必要

有些家長疑惑，孩子天天拖著不寫作業，是不是就打不得、罵不得，不能講、不能懲罰了？並不完全是。瑞士著名兒童心理學家尚·皮亞傑認為：「孩子在成長過程中所經歷的事情，往往都是通過他律到自律的一個過程。」相比過去動輒棍棒教育的年代，如今越來越多的父母認同：懲戒並不是為了證明父母自身的力量有多強大，而是為了最終幫助孩子形成自律。實施懲戒的選擇有很多，每種選擇都有其利弊，重要的是看孩子在那一刻究竟有哪些真實的成長需求。

懲戒要注意適度和方式，具體有下面幾個原則。

（1）明確懲戒孩子的目的

懲戒並不是父母發洩情緒的管道，也不是為了彰顯父母的力量。我們要保持理性、情緒穩定，不能因自己心情的起伏而隨意對孩子施加懲罰。懲戒是管教孩子的一種手段，懲戒孩子時一定要明確本次懲戒的目的，比如週六由於寫作業磨磨蹭蹭導致一整天的計畫延後，那麼取消孩子喜歡的溜冰活動，就是一種懲戒方式，目的是提醒孩子作業須及時完成，否則會占用他喜歡的活動時間。

（2）懲戒的方式要適度

如果孩子一直拖延，在用盡方法仍然沒有效果時，可以採取讓孩子隔離冷靜、靜坐反省或者取消看電視、取消週末出遊的計畫等方法來小懲大戒。不能採用傷害孩子的方式，比如羞辱、與別的孩子做比較等。堅決不能體罰，比如搧耳光、打腦袋，或踢打孩子其他身體部位，懲戒絕不意味著武力和暴力。

（3）懲罰前，讓孩子知道原因，以及如何改正

孩子犯錯時，我們需要點明孩子錯在哪裡，及其可能導致的後果。要注意，事不過三。第一次犯錯時，除了點出錯誤及其後果外，要明確告誡孩子不許再犯類似錯誤。如果第二次再犯，就明確告訴孩子「如果下次再拖延或者再犯同樣的錯誤，爸爸就要管教你了」。跟孩子事先溝通，這樣不僅讓孩子記住被懲罰這件

事本身，更要讓他知道為什麼會受罰。第三次，如果孩子依然犯錯，就可以採取一定的懲罰了。當然，我們也可根據實際情況，靈活處理，但前提一定是讓孩子知道原因，以及如何改正。

（4）懲罰後，父母要給予撫慰

撫慰的目的類似於職場上完成一項工作後的「檢討」。從事情角度看，事後幫助孩子梳理事情的前因後果，總結經驗教訓，達到讓孩子吸取教訓的目的。從情感角度看，讓孩子知道父母依然愛他，消除孩子因懲戒可能對父母產生的怨恨情緒，讓孩子感到被尊重、被信任，從而尊重父母，更加願意與父母合作，接受父母的教導。

（5）體罰盡量少用、不用

懲罰的方式有很多種，體罰是下下策，建議盡量不要使用。如果非用不可，也要注意年齡限制，孩子 3 歲前不懂規則，不要用體罰的方式打斷孩子對這個世界的探索與好奇心；12 歲邁入青春期後，孩子自尊心非常強，體罰會激起孩子的叛逆，使他們更加不聽從管教。

面對孩子時，我們要做的不是戰勝孩子，而是贏得孩子的合作、愛和尊重，從而有方法瞭解他，有能力引導他，避免孩子因缺乏管束而變成脫韁的野馬，或者因管束太嚴而感到壓抑、「無法呼吸」。

# 08 ／ 畏難心理

「孩子總說『太難了，我不行』，拖著不肯完成任務。」

澤澤讀五年級，下周就期末考試了，老師規定了複習作業讓大家在本週末完成。澤澤非常希望能考出一個好成績，於是開始積極地備戰。

週六一大早澤澤就起床開始寫作業，做了半小時的習題後，他忽然被兩道練習題給難住了，苦思半天就是解不出來。

抬頭看了看那些還沒做完的堆積如小山的作業，他突然感到很沮喪。

「怎麼這麼難，我都不會該怎麼辦呢？」

「這麼多作業，這兩天根本完成不了啊！如果沒完成，期末考試怎麼辦呢？」

「這些練習題都這麼難，考試一定更難了，我一定不會寫，一定考不好。」

「如果考不好，爸爸媽媽一定又會生氣。」

「還能考上高中嗎？」

……

坐在書桌前，澤澤開始胡思亂想起來，作業也做不下去了，沉浸在期末考考不好的焦慮中無法自拔，一直折騰到中午也沒有完成幾道題，白白浪費了時間。

澤澤之所以拖著不寫作業，是因為練習題過難導致他產生了害怕困難的情緒。

## 導致孩子拖延的因素：畏難心理

畏難心理是孩子面對困難時感到緊張、害怕的一種正常心理狀態，具體表現為遇到困難不敢面對，習慣性退縮，找理由或藉口躲避，缺乏面對困難的勇氣等等。

畏難心理分為兩種：一種是把事情想像得很難，覺得無法做到或做不好；另一種是別人認為這件事很難，受他人和環境的影響，認為自己也無法做到。

畏難是孩子成長過程中常見的一種現象，當孩子面臨挑戰時，他會推測這件事的難易程度，然後思索這件事自己能否順利完成，會不會失敗，失敗後會有什麼樣的後果。經過一番衡量後，如果答案是否定的，那麼孩子很可能會拒絕去嘗試。

小志上三年級了，他通過了學校初級美術選拔賽，準備參加

市區美術比賽。受疫情管制影響，美術比賽調整為讓學生自己在家畫好，再把作品上傳到指定電子信箱。週末，小志的媽媽積極幫小志準備畫畫工具，讓小志可以安心畫畫。

半小時過去了，小志還沒動筆。

1小時過去了，小志還是坐在畫紙前，滿臉的焦慮不安，面前的畫紙還是一片空白。

媽媽問小志：「怎麼了，為什麼不畫呢？」

小志低頭小聲說：「我怕畫不好，其他同學都很厲害，我不會得獎的。」

媽媽：「你畫得很好啊，沒得獎也沒關係，我們重在參與。」

小志眼淚一下就流出來了：「不行，如果畫不好，同學會笑我的！會很丟臉。」

媽媽：「你還沒畫，怎麼知道畫不好呢？」

小志哭著對媽媽大喊：「我就是畫不好，你就是想讓我出糗，我不畫了！」

小志畫畫是有基礎的，從他通過初級選拔賽就能說明這一點，卻在決賽時擔心畫不好，對自己沒有信心，遲遲不敢動筆，這是因為小志沒自信，邁不過自己心裡的那道「關卡」。類似的案例有很多，很多時候，讓孩子打退堂鼓的並不是任務難度太大，而是他對自己缺乏足夠的信心和認可。

導致孩子產生畏難心理的原因，主要有以下四點。

（1）接觸新事物時受挫

孩子透過不斷探索學習新知識，掌握新能力。在面對一個新事物時，一開始都會感到有趣，躍躍欲試，一旦在嘗試過程中受到了挫折，很可能就會產生畏難情緒。比如學走路時摔了大大的一跤，孩子感到害怕了，就很可能產生畏難心理，致使很長時間不敢再去嘗試。

（2）目標難度過高

對難度的判斷分兩種：一種是幫孩子規定的目標確實很難，遠遠超出了孩子能力的範圍；另一種是孩子認為目標很難，實際上目標在他的能力範圍之內，由於把目標想像得過難或者自己缺乏信心，因而產生了畏難情緒。

（3）自我效能感比較低

自我效能是對自己能否完成一項任務的主觀判斷與評估，評估的結果會直接影響一個人的動機。美國著名心理學家亞伯特班度拉提出：「個人對自我的評價和態度直接影響著他們的思維模式、情感反應，進而影響他們對新行為的學習、好習慣的養成以及抵抗挫折和壓力時的表現。」這種自我效能，在孩子身上表現得非常明顯。

美國史丹佛大學曾做過一組這樣的實驗：先評估學生們的自我效能感，再讓這些學生做一組非常難的題目，同時觀察他們的大腦活動。相信自己能夠學好，自我效能感比較高的學生，在面對難題時大腦更活躍，思考的時間也更長；而認為自己學習能力普通，自我效能感低的孩子，在面對難題時思考的時間相對較短，大腦活躍度明顯要低很多。

　　自我效能感低的孩子，因為不相信自己能夠做好，比較容易早早放棄，這在許多學習困難的學生中並不少見。其實，並不是孩子做不到，也不是孩子不夠聰明，而是他的自我效能感過低，提前放棄了思考和努力，影響了大腦功能的發揮，所以看起來沒有其他孩子聰明。

　　明明很喜歡打籃球，在練習背後換手運球時總練不好，老師還沒出聲，他自己就感到很沮喪：「這個動作太難了，我背後又沒長眼睛，看不到球，我不想練了！我不擅長打籃球，我是個笨蛋……」一直很喜歡籃球的明明，因為一個動作學不會，直接全盤否定自己，也否定了自己喜歡的籃球。

　　（4）父母錯誤的表揚方式
　　除了負面評價，錯誤的表揚方式也會影響孩子的積極性，比如我們經常用來鼓勵孩子的「你真聰明」。史丹佛大學卡蘿‧德威克（Carol S. Dweck）教授提出人有兩種思維：成長型思維和

固定型思維。擁有固定型思維模式的孩子，認為自己的能力取決於智力，而智力和能力是不能被改變的，遇到挫折或失敗是不夠聰明的證據。當遇到困難時，他們往往會傾向於放棄，迴避挑戰，將錯誤視為失敗。

## 知識小課堂 「稱讚方式與思維模式發展」 的實驗

　　史丹佛大學心理學家卡蘿 德威克花了 10 年時間研究表揚對孩子影響的實驗。

　　在實驗中，第一輪測試的題目是簡單的智力拼圖，幾乎所有的孩子都能很快地完成任務。研究人員隨機把孩子分為兩組：一組得到的是一句關於智商的誇獎，比如：「你很聰明」；另一組得到的是一句關於努力的誇獎，比如：「你剛才非常努力，所以表現很棒」。

　　隨後孩子們參加了第二輪拼圖測試。有兩種不同難度的題型，他們可以自由選擇參加哪一種。結果發現，那些在第一輪中被誇獎努力的孩子，90％選擇了難度較高的拼圖。而那些被表揚聰明的孩子，大部分選擇了簡單的拼圖。由此可見，自以為聰明的孩子，不喜歡面對挑戰。為什麼會這樣呢？德威克在研究報告中寫道：「當我們誇孩子聰明時，等於是在告訴他們，為了保持聰明，不要冒可能犯錯的險。」

　　測試繼續進行。這一次，所有孩子參加同一種測試。這次測試很難，孩子們都失敗了。但先前得到不同表揚的孩子對失敗產生了差異巨大的反應——那些先前被表揚努力的孩子，認為失敗是因為自己不夠努力；而那些被表揚聰明的孩子則認為，失敗是因為他們不夠聰明，覺得沮喪。

　　接下來，他們給孩子們做了第四輪測試。這次的題目和第一輪一樣簡單。被誇獎努力的孩子在這次測試中的分數提高了30％左右，而那些被誇獎聰明的孩子，這次得分和第一次相比卻退步了 20％。

　　對於這個實驗的結果，德韋克解釋說：「誇獎孩子努力用功，會給孩子可以自己掌控的感覺。孩子會認為，成功與否掌握在他們自己手中。反之，誇獎孩子聰明，就等於告訴他們，成功不在自己的掌握之中。這樣，當他們面對失敗時，往往束手無策。

父母表揚孩子的方式，大大地決定了孩子將擁有固定型思維還是成長型思維。多表揚孩子的努力、品質，比如堅持、認真、自信、專注等；盡量少表揚孩子智力高和天賦。

下面這些行為，是孩子有畏難心理的常見表現。

- 遇到困難愛找藉口逃避，沒有信心去解決。
- 遇到稍難一些的目標，能拖就拖，不及時去做。
- 面對問題，不知道如何下手，有些不知所措。
- 遇到問題，總想著依賴別人，想讓別人替自己解決。
- 在乎別人的評價，情緒比較敏感。
- 如果做得沒達到預期效果，容易自我懷疑，甚至情緒崩潰。
- 經常抱怨，把不能解決問題的原因推到其他人或事上。
- 不敢嘗試新事物。
- 經常說「太難了」、「我不會」、「太多了，我做不完」等類似的話。
- 認為自己做不好，習慣將事情一拖再拖。
- 總愛說自己「笨」或者「我做不到」，而且看起來傷心、易怒、缺乏活力。
- 習慣性地否定自己，認為自己什麼事都做不好。

# 對策一：停止五種行為

## 1・當眾否定孩子或指責孩子的不足

　　有時候父母們聚在一起交流，經常會聊到關於孩子的話題，開啟互誇對方孩子的模式，被誇的父母雖然心裡很驕傲的，但嘴上說出來的話會非常謙虛，經常否定別人對自家孩子的肯定與誇獎，或者時不時講孩子的一些缺點以示謙虛。如果這時孩子在旁，他們會非常在意大人交談的內容，如果聽到來自父母的否定，由於孩子不瞭解父母對外「謙虛」的心理，就會信以為真，認為自己真的有很多不足，不夠好。這會影響孩子對自己的肯定和正確認知。

　　如果說我們成年人的自尊心是一棵飽經風霜的「大樹」，對別人的指責有自我調節的能力，那麼孩子的自尊就像剛剛破土而出的「小樹苗」，缺少自我調節的能力，大庭廣眾下的責罵會像狂風暴雨一般摧毀孩子這棵稚嫩的「樹苗」。

## 2・經常在孩子面前抱怨

　　我們面對來自職場、經濟、家庭等各方面的壓力，長期處於這些壓力之中，難免會產生一些負面情緒，而這些負面情緒，有些會傳遞給孩子。

　　比如有些父母白天工作不太順利，晚上回到家後，孩子一旦

做出了讓自己不順眼的事情，可能就會對孩子抱怨自己每天工作有多麼辛苦，養家有多麼不容易等。孩子聽多了抱怨，自然會感覺到生活真的很不容易。更可怕的是，這會影響孩子的思維模式，導致他們遇到問題先是去抱怨，而不是尋找解決辦法。

## 3．對孩子過多負面評價

孩子考試沒考好，有些急躁的父母會說：「平時要你好好讀你就是不聽，考成這樣我都替你感到丟臉！」孩子考得好了，有些嚴格的父母可能會說：「你們班考得好的有十幾個，不要驕傲，不然下次也不會進步。」這讓孩子覺得自己很糟糕，得不到來自父母的認可，自我價值感不斷降低。

在評價孩子時，我們可以多從鼓勵的角度肯定孩子的優點，多替孩子提些建設性的意見，多告訴孩子應該怎麼做。不要總當孩子的「酸民」，過多的批判會剝奪孩子的上進心和自信心。

## 4．對孩子無效表揚

孩子考了好成績，有時父母會隨口表揚一句：「你真聰明！」考得不好時，有時會安慰孩子：「你很棒」、「你已經做得很好了」。正如前文小志的媽媽對小志說的「你畫得很好啊」，這樣蒼白無力的好評並不能安慰到孩子，反而會加重孩子過度自我關注的傾向，讓他們的感覺更加糟糕。

美國著名心理學家班杜拉認為，「自我效能感」是日常成功做好的一件件小事積累出來的，當積累到足夠多的「成就感」，自我效能才會不斷提升。如果孩子積累到更多「失敗感」、「無助感」，自我效能就會不斷下降。

孩子有足夠的精力、耐心和熱情去追求學習過程中大大小小的目標，與其說是依靠智商與能力，倒不如說是依靠自我效能。有時候，真正有效的表揚和鼓勵是讓孩子立即行動起來，不斷地從一件件小事上獲得成功，因而提高自我效能。

## 5・在孩子面前表現得無所不能

孩子透過不斷完成目標來獲得自我肯定與成就感，進而建立自信。如果給孩子展示自己成果的機會，將有助於孩子從他人的認可與稱讚中獲得自我肯定，得到激勵，從而進一步努力。不斷地自我展示、積極評價形成良性循環，促進孩子養成良好的習慣，個人能力得到不斷發展。

我有個朋友是一名大學教授，他以擅長溝通、博學善辯享譽朋友圈，但他經常自嘲說：「我教得了大學生、碩士生和博士生，唯獨教不了自己那個上小學的兒子。」後來他發現問題不在孩子身上，而是由自己導致的。在他與孩子的溝通中，孩子往往還沒說幾句，要嘛被他直接否定了，要嘛被他滔滔不絕的長篇大論給打斷。他把自己的這種行為總結為「大樹底下長不出好草」，自

己太強了，影響了孩子的成長。

如果父母在孩子面前總是表現得無所不能，久而久之，孩子會認為自己做什麼都無法得到肯定，會漸漸地失去信心，變得膽小。父母要學會適當示弱，尤其是媽媽，這樣更能激發孩子的挑戰欲望。

# 對策二：幫孩子克服畏難心理的方法

教育的關鍵是要讓孩子相信，他擁有讓自己變得更好的力量。下面這些方法可以幫助孩子克服畏難心理。

## 1．改變看待孩子的視角，用欣賞的眼光看待孩子

改變看待孩子的視角，多發掘孩子身上的長處，用欣賞的眼光看待孩子的問題。澳大利亞心理學家莉・沃特斯（Lea Waters）認為：「父母應該用『優勢視角』看待孩子，學會正面教養。」啟發、鼓勵孩子發現自己的長處和優點，這樣不僅能夠減輕父母的焦慮，同時也能讓孩子內心更加強大和自信。

有一天，一位黑人司機載了一對白人母子，孩子問媽媽：「為什麼司機和我們看起來不一樣？」

媽媽回答：「因為上帝為我們創造了不同的顏色，我們的世

界才會如此繽紛多彩，這是上帝做得最酷的事情。」

下車時，黑人司機對這位媽媽說：「小時候我也問過媽媽同樣的問題，她說我們是黑人，注定要低人一等。如果換成您是我媽媽，我想今天我一定會有不同的成就。」

日常生活中，我們要多嘗試從正向視角看待孩子。例如：

（1）孩子內向

負向視角：孩子內向、不愛說話

正向視角：性格沒有好壞之分，內向型的人，思維縝密，做事嚴謹，很多成功人士的性格也是內向型的。愛因斯坦、比爾蓋茨、華倫‧巴菲特、史蒂芬‧史匹伯、村上春樹……他們都是性格內向的人。

（2）孩子膽小

負向視角：孩子膽小、愛哭。

正向視角：膽小說明孩子很謹慎，對危險會提前做出預判，這樣不容易受到傷害；孩子愛哭從某種角度來說也是一件好事，說明他有正確的情緒宣洩方式，不會把負能量積壓在心裡。

（3）孩子頑皮

負向視角：孩子頑皮、不聽話 。

正向視角：頑皮的孩子大多有靈活的頭腦，他們有一連串的鬼點子，無須過多思考就會迸發出各種有創造力的點子。另外，淘氣的孩子一般來說情商較高，喜歡和人打交道，社交能力強。

世界上沒有完美的孩子，同樣，也沒有一無是處的孩子。我們在日常生活中要注意多觀察、發掘孩子身上的亮點，並找到合適的方式讓他們發揮自己的潛力

## 2. 允許孩子犯錯，接受孩子的不完美，接納孩子的情緒

「快點起床，再不起來就要遲到了！」
「快點吃，再拖拖拉拉我就走了，你自己去上學吧！」
「快點寫作業，再不認真，週末就不要去動物園了！」

父母說這些話時，可能只是不想讓孩子再拖延，但對孩子來說，除了催促外，這些話還傳遞了這樣一種資訊：「只有我乖乖聽話，按爸爸媽媽的意思去做，達到爸媽的要求，他們才會愛我，才會高興，才會滿足我的願望。否則，爸媽會生氣，就不再愛我了。」父母對孩子的愛是無條件的，但說出的話卻讓孩子感覺：爸爸媽媽對我的愛是有條件的。而父母之所以經常這樣催促，從本質上講也是不能接納孩子缺點和不良表現。父母無法接納，會讓孩子缺乏安全感。

如果忽略了對孩子的接納與信任，孩子會感覺得不到理解和支援，也容易對父母的說教產生逆反情緒。

我們來看看下面小志彈鋼琴的這個例子。

小志明天要參加鋼琴五級考試了，今天晚上正在加緊練習。

但有一首曲子他總是彈錯，小志很緊張，不停地重複彈，但總是彈不好。他急得哭了起來：「我彈不好了，怎麼辦？媽媽，我明天可不可以不去參加考試了？」

這時，如果你是小志的媽媽，你要如何安慰孩子？

第一步，先接納孩子的情緒。

錯誤示範：「彈不好也沒關係，這個考級也沒那麼重要。」這種安慰會讓孩子覺得他天天努力練琴完成考級的這個目標，被媽媽給否定了，今後他會放鬆對彈鋼琴的要求。

正確示範：「媽媽知道明天就要考試了，你現在有點緊張，你很想彈好這首曲子，但總是彈不好，你現在很難過，對嗎？」不急著否定考試這件事，先接納孩子的情緒，這會讓孩子接收到你的理解，接下來談話才能繼續下去。

## 3．肯定、鼓勵孩子的付出和努力

多對孩子說鼓勵的話，比如：

「爸爸媽媽相信你一定可以做到！」

「我知道這很難，大膽去嘗試，我相信你一定可以克服困難。」

「相信你只要努力了，就會有收穫、有進步。」

少對孩子說這樣的話：

「你會做嗎？」

「怎麼回事，看看你做的好事！」

「給我，我來吧！」

鼓勵會讓孩子獲得成就感，也是培養孩子自信的一種方式，尤其在孩子面臨困難或挫折的時候，最需要的就是父母的肯定、支持和鼓勵。這時來自父母的支持和鼓勵往往具有不可思議的神奇力量，就像夜晚的暴風雨中，一座溫暖明亮的燈塔，能讓孩子在迷失中重新找回勇氣、方向和力量。

當年，我大學畢業前，面臨著選擇：考公務員還是考研究所。我頂著巨大的心理壓力，放棄在當時看來對我有很大優勢的國稅系統公務員考試，而選擇了更艱難的研究所考試。

經過四個月的瘋狂備考，在距離考試 20 天左右，我完成了所有的複習，感覺胸有成竹，於是決定利用歷年試卷做模擬考試訓練。我首先做的是政治模擬考試，結果只考了 30 多分。這對我來說簡直是毀滅式打擊，直接摧毀了我四個多月建立起來的信心。巨大的心理落差讓我整個人瞬間崩潰，自我否定、悔恨的「巨浪」吞沒了我。

我哭著打電話回家，告訴媽媽我肯定考不上了。我媽媽沒上過學，不懂得什麼大道理，但她安慰我：「妳不要哭，別怕。妳都努力這麼久了，別放棄，媽媽相信你一定可以。再說了，船到橋頭自然直，就算考不上，天也不會塌下來，妳還有我和妳爸

呢！」簡單樸素的話，在我絕望、悔恨之際，竟然神奇地安撫了我。掛完電話後，我也平靜下來，又重新投入備考中了。

最終，我以優異的成績考入自己的目標院校，而媽媽電話裡的那幾句話，時至今日都令我印象深刻。如果那時媽媽說的是：「讓妳考公務員，妳就不聽，看看，現在後悔了吧！」我肯定就徹底崩潰了。

接前文小志彈鋼琴的案例，這裡談第二步，引導——肯定孩子的努力。

錯誤示範：

媽媽：「不想彈就不要彈了。」這會讓孩子直接放棄。表面上孩子變輕鬆了，但他並未從挫折中恢復。

媽媽：「哭什麼，明天又不是你一個人考試，別人能彈得好，你為什麼不能？」這種指責，拿「別人家的孩子」來比較，無異是「火上澆油」，孩子不但沒有得到安慰，反而受到批評，這會讓孩子產生更大的挫折感。

正確示範：

媽媽：「媽媽看到了你的努力，而且你每彈一次都比上次彈得更好一點。」教孩子與過去的自己比較，讓他看到自己的進步。

## 4. 幫孩子分析問題，為孩子提出具體可操作的建議

為了安慰而欺騙孩子，這種安慰往往是無效的。如果孩子不

付出努力或不做出調整，他還是做不好。因此，當孩子產生畏難心理時，很重要的一點就是告訴孩子事實，幫助孩子分析問題，並提供解決問題的具體建議，啟發孩子思考。

圓圓最近每到寫日記時就趴在桌上無精打采，拖拖拉拉地不想寫，或者隨便寫幾句就想草草了事，於是媽媽與圓圓有了下面的談話。

媽媽：「妳最近怎麼不愛寫日記了？」

圓圓：「我寫得沒有晨晨好，不想寫了。」

媽媽：「我記得之前妳付出了很多時間和精力，而且老師說妳每次寫得都很不錯呢。」

圓圓：「可是最近老師總是表揚晨晨他們，獎勵他們小星星，我都沒得到。」

媽媽：「那妳還記得剛開始學寫日記的時候嗎？那時候，妳最多只能寫兩、三句話，而且有很多標點符號寫錯了。現在妳已經能寫滿滿兩頁，標點符號也都用對了。現在的妳已經能夠獨立完整地寫好一篇日記，是非常大的進步呢！」

圓圓：「真的嗎？那我為什麼得不到小星星呢？」

媽媽：「當然是真的！別人得到小星星表示別人也在進步，老師表揚他們時說了什麼？」

圓圓：「老師說晨晨日記寫得很生動，有比喻、擬人，要大家向他學習。」

媽媽：「妳知道什麼是比喻和擬人嗎？」

圓圓：「我當然知道了，老師都教了，可是我寫不出來。」

媽媽：「那妳還記得下午妳是怎麼形容媽媽的嗎？」

圓圓：「當然記得了。今天下午我們出去買水彩筆，我都催了妳好久時間，可是妳好慢，我說妳是一位『蝸牛』媽媽，我是行動迅速的『賽車』選手。」

媽媽：「咦，這裡妳就使用到比喻了，而且非常有趣，也很生動。今天妳就可以把我們一起去買水彩筆的事寫下來，把這些有趣的比喻也寫進去，怎麼樣？」

圓圓：「嗯嗯，這是個好主意！」

媽媽：「加油！我相信妳的日記會越寫越好。」

## 5．每天主動尋找孩子一到二個做得好的地方，及時給予肯定和鼓勵

「孩子需要鼓勵，就像植物需要水。」但需要注意鼓勵的過程而非結果。

「我家孩子做什麼都不行，我沒機會鼓勵他。」有時我們可能會陷入這樣的誤區，認為只有當孩子做得好時才值得鼓勵與肯定。其實，當孩子表現差時，父母更應該去發掘他的「亮點」，肯定、鼓勵他繼續努力。

如果孩子努力的結果達到了預期，我們及時鼓勵孩子在過程中的付出與努力。如果沒有達到預期，那就找到孩子在做事過程

中值得肯定的地方進行鼓勵。

比如：孩子考試沒考好。

錯誤溝通：「平時讓你好好學，就是不聽，就知道天天玩。全班 40 個學生，你這成績絕對是倒數的。」批評指責會加重孩子的內疚感和挫折感，無益於提升學習成績。

正確溝通：「上次考 70 分，這次考 72 分，比上次有進步！最近你寫作業的速度也比以前快了。如果繼續保持努力，媽媽相信你下次會考得更好！」

比如：孩子考了 100 分。

錯誤溝通：「考得這麼好，寶貝你太棒了，真聰明！」孩子接收到的資訊是「我考得好，是因為我很聰明」。如果下次沒考好，孩子會認為自己不聰明。

正確溝通：「你最近非常努力，每次作業做得很認真，難怪能考這麼好！」讓孩子充分認識到，考試結果和自己的努力付出是成正比的。「努力學習」是行為，是孩子自己可控的行為，「聰明」顯示的是智商，且讓孩子感到無法掌控。如果考好是因為聰明，那麼考不好不就是不聰明了嗎？這會導致孩子無法調整自己的行為。

## 6・如果孩子做錯了，採用「夾心餅」的方式來批評

接納、欣賞孩子並不意味著一味縱容，孩子犯錯了有時需要及時批評，予以糾正。批評的方式很重要，企業管理學上有一種

「夾心餅」式的批評方式，就是先表揚、肯定，再指出問題予以批評，最後鼓勵。簡言之，就是將批評的內容當作「餡料」，放在表揚和鼓勵中間。我發現這種方式用在批評孩子上同樣效果顯著。

　　小哲上學很磨蹭，平時總是伴著上課鈴聲進教室，最近更是經常遲到，有時甚至遲到十幾分鐘。小哲的爸爸和學校老師溝通後，為了讓小哲不再拖，採取了「夾心餅」批評方式。

　　爸爸：「最近老師稱讚你上課很認真，數學和國語成績都有進步，爸爸為你感到驕傲。」

　　小哲沒有說話，但嘴角明顯上揚，臉上綻開了笑容。

　　爸爸繼續說：「老師今天早上打電話過來，跟我說希望你能成為朝會的預備隊員。今天早上老師想找你談談，但是沒有找到你，等到升旗開始了也沒見到你，打電話問我今天你是不是請假了？」

　　小哲：「爸爸，你說的是真的嗎？我很羨慕升旗的同學，感覺特別帥！今天在上學的路上，我想起我的筆壞了，就去買筆，結果不小心遲到了。」

　　爸爸：「上學遲到，老師找不到你以為你請假了，這樣會影響到其他同學。」

　　小哲低下了頭。

　　爸爸：「當升旗的預備隊員不但不能遲到，還要早早到學校

才行呢，你做得到嗎？」

小哲：「能，我以後早點起床，再也不遲到了！」

爸爸：「一言為定！」

小哲的爸爸先讚許小哲取得的進步，再指出遲到的錯誤，最後再鼓勵小哲早早到學校，這樣「夾心餅」式的批評方式，不僅不會傷害小哲的自尊心，還能夠讓孩子明白自己的錯誤，使其發自內心地改正，小哲上學的遲到問題大大改善了。

## 對策三：引導孩子制定目標、分解目標

### 1 · 引導孩子制定自己的目標，而不是父母的目標

孩子制定的目標，一定是屬於他自己的目標，切忌以父母的標準來要求孩子，同時也要避免直接幫孩子制定目標。只有屬於孩子自己的目標，才是有效目標。

平時我們可以花時間與孩子一起討論他的夢想，幫助孩子記錄，最後找出經過努力後可能達成的目標。可以讓孩子把自己的目標寫下來貼在醒目的地方，並記錄孩子的進度和為此付出的努力，持續激勵孩子去完成自己的目標。

### 2. 目標要切合實際，不要過於理想化

制定目標的目的是要孩子樹立自信心，克服害怕困難的心理。所以，目標的制定要考慮孩子的愛好和特長。不要「揚短避長」，讓不喜歡音樂的孩子去學彈琴，讓不愛運動的孩子去打球，而是要結合孩子的實際狀況，制定的目標要切實可行，是孩子跳起來能摸得到的。

　　制定目標時要避免下面三個問題。

　　**目標過高**：目標過高只會加重孩子的害怕困難的心理，讓孩子變得更加焦慮和拖延。

　　**目標過於長遠**：過於長遠的目標，孩子很難在短時間內完成，這樣的目標就很難發揮激勵作用。

　　**目標過多，沒有重點**：目標過多相當於沒有目標。我們要結合孩子的自身特點，抓住重點目標，充分挖掘孩子的潛力。


　　前文提到的凱凱，很喜歡打籃球，可是由於害怕承擔來自爸爸的壓力，拖著一直不願意參加籃球訓練。

　　凱凱的爸爸希望籃球能陪伴孩子成長，發展為孩子的一項特長。為了讓孩子好好練習籃球，他和凱凱來了一場關於籃球夢想的討論。

　　爸爸：「你的偶像是柯比・布萊恩，對吧？」

　　凱凱一聽，興趣來了：「是的，他打球技術很好、超帥！我非常喜歡他，我長大也想成為像他一樣厲害的籃球明星……」

　　爸爸：「這是一個非常偉大的夢想，很棒，我也很欣賞他，

我贊許你這個想法,那你打算怎麼實現呢?」

　　凱凱想了一會兒,回答:「我有時間就會去練習打籃球啊。」

　　爸爸:「想當像他那樣世界級的籃球明星,要堅持訓練才有可能實現。我們先訂一個小目標,看能不能經過這學期努力,爭取進入校隊,怎麼樣?」

　　凱凱:「為什麼要進校隊啊?校隊的同學打得不怎麼樣,我打得比他們好。」

　　爸爸:「校隊代表著你們學校籃球最好的水準,既然你打得比他們好,那就進校隊給他們看看;而且進校隊才能得到更好、更專業的訓練,會讓你離柯比更近一步。」

　　凱凱認真思考著爸爸的話,過了幾分鐘,說:「有道理,我要爭取進入校隊!」

　　爸爸:「進入校隊,聽說要通過測驗才可以。」

　　凱凱:「還要測驗啊,那我得加緊練習才行。」

　　爸爸:「正好有個課後籃球訓練隊,每天晚上訓練 1 小時。你要不要參加?」

　　凱凱:「參加呀,我要努力進入校隊!」


## 3.目標要具體、量化、可執行

　　如果孩子面對一個任務有害怕困難的心理,那就引導孩子先制定一個透過努力可以達成的目標。不管是長遠目標還是短程目標,一定要簡單、具體、可量化。相較於模糊目標,量化目標對

於孩子來說更容易理解與執行。

比如，關於學期閱讀活動：

模糊目標：「陽陽，老師要求你們這學期要多閱讀，快點去看書！」這種目標讓陽陽感到迷茫，他不知道看哪本書，也不知道從哪裡開始讀，每天讀多少頁，用多長時間？

量化目標：「陽陽，這學期老師要求你們多閱讀，我們先從《西遊記》開始，每天讀 20 頁，好嗎？」

# 09 ／ 大人包辦

「孩子做事慢，父母習慣幫孩子做。」

小芸 6 歲了，由於父母工作忙，她從小就由奶奶帶。奶奶特別寵小芸，孩子吃飯吃得慢，奶奶就追著餵；衣服穿得慢，奶奶就幫她穿；甚至上廁所，也一直由奶奶在一旁陪著。這導致小芸幼兒園都快畢業了，吃飯穿衣還是不能完全自理。

而媽媽因為疏於照顧，加上心存愧疚，對奶奶溺愛孩子的行為也就睜隻眼閉隻眼。

上小學後，更多的問題開始暴露開來。每次寫作業，一旦遇到難寫的地方，小芸就哭鬧：「媽媽，我不會寫。」叫媽媽或奶奶來幫忙寫，而她自己卻在一旁玩玩具。

媽媽開始擔心了，於是，在小芸又遇到困難不會寫的時候，媽媽想讓多多自己先思考，沒想到小芸卻直接把書本推到一旁，大聲嚷嚷道：「我想不出來，妳不幫我，我就不寫了！」

小芸的媽媽氣得頭都痛了。

有一次，我去接兒子放學，遇到一位媽媽接一個 8、9 歲的小女生放學。只見小女生從學校出來，媽媽立馬迎上去，一邊快速接過孩子的書包背上，一邊轉開瓶蓋讓孩子喝水。

這時，小女生向媽媽要了手機，邊走邊看手機，媽媽提醒小女生注意看腳下的路。就在媽媽拿出紙巾想給小女生擦汗的時候，小女生沒注意，摔在台階上。媽媽馬上扶她起來，小女生卻憤怒地甩開媽媽的手，對媽媽大發脾氣：「都是妳不好，怎麼不告訴我這裡有台階？」

一個 8、9 歲的孩子，背書包、擦汗、喝水、走路注意腳下，這些本該自己做的事，卻由媽媽代勞了，而在孩子眼中這些卻是理所當然的。

## 導致孩子拖延的因素：大人包辦

會背誦唐詩但不會收拾房間，會畫畫但早上起床要讓父母叫，會背九九乘法但不會綁鞋帶，會彈鋼琴但書包不會自己背。讀書讓老師催、寫作業讓父母陪……孩子的這些行為，在生活中屢見不鮮。

很多父母總是抱怨孩子依賴性太強了，其實導致這種現象的原因可能是父母自己潛意識裡離不開孩子，習慣性幫忙孩子做很多事情。在嬰兒期，孩子需要父母代勞或幫忙，但隨著孩子成長，父母需要改變以往的行為模式，適時放手，讓孩子獨立完成自己

的事情。

　　每一個拖延的孩子背後，總有一個替他們將所有事情都打理好的家長。很多父母嫌孩子做得慢或擔心孩子做得不好，就一切攬在自己身上，給孩子「全方位」的服務，讓孩子飯來張口、茶來伸手；白天接送、晚上陪讀。這也是很多父母非常能幹，但孩子卻出現「拖延症」的原因。父母習慣性替孩子打理好一切，孩子也就會習慣性依賴父母，什麼事都想丟給父母去做。久而之，孩子在做事情時就會出現拖延的現象，因為他們知道，反正有人幫我收拾這些「爛攤子」。

　　那麼，父母包辦會對孩子產生哪些影響？

## 1・剝奪孩子學習獨立處事的機會，孩子缺乏獨立性

　　做任何事都會經歷一個熟能生巧的過程，如果我們不讓孩子自己動手，孩子從哪裡來的「巧」呢？剝奪了孩子自己動手的機會，也意味著剝奪了孩子自信的機會。孩子的成長需要自己親自體驗、實踐、反覆鍛鍊。「站在岸邊永遠學不會游泳」，只有在鍛鍊中孩子才能積累屬於自己的人生經驗。如果父母總是代勞，反而會導致孩子喪失各項基本能力。

　　大量科學研究顯示，父母事事包辦的做法，對孩子成長來說有百害而無一利。被掌控著長大的孩子會因為害怕出錯而缺乏決策能力，會因為得不到指示而表現失常，自己思考時會感覺吃力。這樣的孩子往往缺少獨立性，未來也無法獨立應對社會的各

種挑戰。

## 2．容易讓孩子養成懶惰懈怠的性格

　　有的父母想讓孩子把主要精力放在學習上，孩子生活方面的事情，父母總想事事代勞，這就讓孩子像個小皇帝或小公主一樣茶來伸手飯來張口，形成「以自我為中心」的生活態度，變得做事被動、懶惰懈怠、自私自利、任性蠻橫，沒有自主能力，以及缺乏與人合作的能力。這樣的孩子往往是「索取型人格」和「支配—統治型」人格的結合體，長大後也很可能成為一個離開父母就無法生存的「巨嬰」。

## 3．孩子無法體諒父母的辛苦

　　習慣替孩子代勞，屬於溺愛式教養方式。這種溺愛會阻礙孩子應對挑戰、提升能力。長久下來，孩子就會在這種「寄生蟲」式的生活中變得消極、被動、自私、冷漠，就像前文中的小女生一樣，明明是自己錯了，反而責怪媽媽。如果孩子無法體會父母的辛苦，無法對父母表現體貼，那長大後很可能會成為「啃老族」而不自知。

　　請你想想，你經常有下面這些行為表現嗎？
● 經常幫孩子穿衣、洗澡等。

● 看到孩子在洗東西，擔心他洗不乾淨，就自己來洗。

● 看到孩子自己拿杯子倒牛奶喝，擔心他灑出來，就幫孩子倒。

● 看到孩子自己綁鞋帶，擔心他綁不好就幫他綁。

● 出門玩時，習慣幫孩子在出發前整理、帶好出門物品。

● 孩子自己做事時，總嫌他太慢或做得不夠好，頻繁打斷，為他代勞。

● 看到孩子書桌比較亂，習慣性幫孩子整理書桌。

● 每天幫孩子整理書包，準備第二天上學的衣服等。

● 捨不得讓孩子做家事。

● 常有這樣的心態：「孩子只用專心學習就好了，其他的小事不用他操心。」

## 對策：培養孩子的獨立性

前蘇聯著名教育家蘇霍姆林斯基曾說：「教育不能總是牽著孩子的手走，還是要讓他獨立行走，讓他對自己負責，形成自己的生活態度。」改善孩子拖延的問題，可以從培養孩子獨立性開始。

### 1・做「懶父母」，改變替孩子包辦的習慣

孩子只要一拖延或者做不好，父母就急著去代勞，甚至為了

讓孩子快點寫作業，把其他事情，比如：換衣服、收拾書桌、削鉛筆等都代勞了。這種能鍛鍊孩子適應環境能力的事情，應盡量交給孩子自己做，不代勞。

父母要學會「偷懶」，嘗試適當退出孩子的生活，提醒自己：「授人以魚，不如授人以漁。」既然不能陪孩子走完他們的一生，與其事事躬親，把孩子照顧得不能自理，不如早日放手，教會孩子如何照顧好自己。即使孩子做得再慢、再不好，建議多給孩子一些耐心，放手讓他們自己去做。

面對孩子一次次的磨蹭，如果父母每次都忍不住幫忙，那麼孩子很可能會更拖延，因為他知道總會有人來幫自己「解決」。一旦被逼著做事，他們會拿拖延作為「逃避勞動」的手段。


為了好好照顧豆豆，豆豆的媽媽辭去了高薪工作，在家專職照顧豆豆的學習和生活，有時甚至會無條件地滿足孩子。

豆豆晚上磨磨蹭蹭不肯睡覺，要聽媽媽講故事，媽媽就不顧疲憊，一直講給他聽，直到孩子入睡。早上為了讓豆豆多睡一點，媽媽先幫豆豆把衣服穿好才捨得叫醒他……

結果是豆豆越來越拖延，而且要求越來越多，經常指使媽媽去做各種事：

「幫我穿襪子。」

「幫我收書包。」

「水果怎麼還沒拿來？」

..........

　　豆豆還常常抱怨學校作業太多、太難,甚至讓媽媽幫忙寫作業,得不到滿足就任性胡鬧。

　　豆豆的媽媽對此感到很疲憊,也非常困惑,不知道問題出在哪裡。

　　後來,聽從專業人士建議後,豆豆的媽媽開始適當拒絕,拒絕幫豆豆做他自己力所能及的事,無論豆豆怎麼哭鬧都狠下心來不理會。結果發現,豆豆是可以自己做好自己的事的,雖然剛開始難一些,但慢慢地,孩子總能自己做好,也變得越來越獨立,不再事事依賴她。豆豆的媽媽也重新回到了工作崗位。

## 2・生活上,從日常小事做起,讓孩子養成「自己的事情自己做」的習慣

　　洋洋的媽媽從小注重對孩子生活自理能力的培養,洋洋 1 歲左右的時候,她就教孩子自己吃飯;2 歲左右讓孩子學穿衣服;洋洋再大點就讓他幫自己做飯,收拾碗筷;再大一點就讓孩子學著買東西、洗衣服……

　　洋洋現在是小學六年級的學生,日常生活自理能力非常強。

　　暑假期間,洋洋的爸爸媽媽要出差半個月,他們從來沒出去過這麼長的時間,因此擔心洋洋獨自在家照顧不好自己。可是等他們出差回來後,看見的是洋洋把家裡的東西擺放得整整齊齊,自己的臥室也收拾得非常乾淨,洋洋的父母為此感到特別欣慰!

哈佛大學研究發現：「愛做家事與不愛做家事的孩子相比，成年之後就業率為 15：1，犯罪率為 1：10。愛做家事的孩子，擁有更高的心理健康指數和家庭幸福指數。愛做家事的孩子在學業上，往往表現得更加優異。」

　　打理好自己的生活是孩子成長的「剛需」，可以教孩子養成「自己的事情自己做」的好習慣，讓孩子獨立完成日常生活中自己必須要面對的事情，而不是想盡辦法地尋求他人的協助。比如自己設定鬧鐘起床，自己洗漱、洗澡、整理自己的書桌、收拾打掃自己的房間等。在此基礎上，逐漸承擔適量的家事。

## 3・學習上，多引導鼓勵，而不是代替孩子應對困難、解決問題

　　很多父母會監督、催促孩子好好學習，這導致很多孩子以為學習是父母和老師壓在自己身上的「重擔」。對於這種情況，首先我們要讓孩子意識到學習是為了自己，必須得自己負責；在行為上，父母要想讓孩子學會獨立，就得學會放手，給孩子自理的機會，讓他們自己做自己的事情，去應對、解決各種學習問題，從中汲取經驗和教訓，並且不斷成長。

　　比如孩子遇到問題時，告訴孩子：「你可以向父母或老師求助，但需要自己先思考，嘗試尋找解決問題的辦法。」對於孩子提出的問題，有些父母由於忙或懶得解釋，會選擇直接告訴孩子答案，或讓孩子自己去看答案。這讓孩子形成遇到問題不先思

考，而是依賴他人給答案的習慣。孩子遇到問題時，父母不要怕麻煩，要鼓勵孩子勇敢應對，引導他們逐步去思考，減少依賴心理，進而培養他們獨立解決問題的能力。

涵涵是五年級的學生，她的父母都是老師。不論女兒在生活還是學習方面遇到了問題，他們總是先讓涵涵自己先動腦思考，鼓勵她說出自己的想法。如果涵涵還是想依靠他們，他們就會明確拒絕，在孩子理解後，再引導她去自己解答，最後得出自己的答案。

在父母的正確引導下，涵涵的學習思路比一般同學要開闊，在一次數學競賽上，涵涵憑著自己良好的思考能力，獲得了一等獎。

從孩子蹣跚學步，父母就要教孩子學會自己獨立面對困難，讓孩子自己解決屬於自己的困難。剛開始，有的父母可能狠不下心，不忍看著孩子哭鬧，獨自面對困難，這時只有稍微再冷靜些，堅持支持、鼓勵，這樣孩子才能嘗試自己「站起來」，學會獨立。

## 4‧幫孩子學會獨立選擇

同樣是 1 小時的時間，騎腳踏車，兩腳使勁踩只能跑 1 公里左右；開汽車，一腳輕踏油門能夠跑 100 公里左右；坐高鐵，閉上眼睛就能到達 300 公里之外；搭飛機，吃著美食可以跑 1,000

公里。

　　人還是那個人，選擇的工具不一樣，結果卻有天壤之別。人這一生，有時選擇往往大於努力、智商。

　　對於孩子來說，選擇會影響他未來的生活、學習、人際關係，並成為其個性的一部分。

　　**父母應該多給孩子選擇的機會，讓孩子在思想上逐漸獨立，學會為自己的行為做選擇，做決定。**

　　那麼，應該怎麼幫孩子培養選擇的能力？

　　（1）讓孩子知道自己有選擇的能力和權利

　　對於 5、6 歲的孩子來說，可以從日常生活中簡單地選擇，慢慢地讓他學習這項技能，像平常吃什麼、穿什麼，以及去哪裡玩耍，讓孩子自己選擇。比如詢問孩子：「你想吃草莓，還是葡萄」、「今天你想穿紅色的外套，還是藍色的」等等。

　　大部分孩子雖然做了選擇，但並沒能力把這些小小的決定考慮得很清楚。沒關係，這是邁出學習選擇的第一步，等孩子漸漸長大，將會意識到擺在面前的選擇的重要性，並會做出更加正確的決定。

　　（2）在孩子沒能力為自己做選擇前，替孩子做選擇

　　在孩子心智不成熟，父母需要替孩子做決定時，可以把為什麼這樣選擇、為什麼這麼做的理由告訴孩子，哪怕孩子還聽不

懂。這種反覆練習，可以讓孩子從父母的言行中學習如何選擇，還能讓孩子擁有安全感。給予孩子太多自由可能會讓他不知所措。相反，設定界限，為孩子畫定可以自由做選擇的範圍，做簡單的解釋，可以幫孩子學到什麼是對與錯，什麼是明智或愚蠢的選擇。

從幫孩子做決策，逐漸過渡到與孩子一起做選擇，是父母傳授給孩子獨立決策必經的一個過程。

## （3）尊重孩子的選擇

媽媽帶西西去買衣服，在去的路上告訴西西：「今天媽媽讓妳自己選妳喜歡的衣服，好嗎？」

到了店裡，西西想要一件白色的裙子。媽媽說：「哎呀，白色太容易髒了，妳看看有沒有別的喜歡的？」

於是，西西又選了一件黃色的。媽媽又說：「小蟲蟲特別喜歡黃色，這顏色招蟲子，妳看那件粉色的怎麼樣？」

最後，西西在媽媽的建議下，買了一件粉色的裙子。後來，媽媽再讓西西選自己喜歡的衣服時，西西明顯沒有興致，不想再選了，因為她知道反正最終還是媽媽說了算。

既然給了孩子選擇的自由，就要尊重孩子的選擇，不要否定孩子的選擇，否則只會打擊孩子的自信心。孩子很享受自己的選擇帶來的成就感，儘管有時選擇很簡單。人在能掌握某種控制權的環境中更易成功，通過擁有選擇權讓孩子感知自己的能力和重

要性，有助於改善孩子因不願做而故意用拖延的方式來反抗的行為，也有助於孩子建立起自尊心。

## （4）讓孩子自己做選擇，選擇範圍很重要

很多時候孩子做的選擇可能是錯誤的，怎麼辦？這種情況下，就問自己一個問題：如果孩子做了錯誤的選擇，帶來最壞的結果是什麼？如果這個結果不影響孩子的安全、健康，又在自己的可承受範圍內，那就放手，大膽讓孩子自己做決定，體驗選擇帶來的快樂與糾結。比如：

孩子想剪一個超醜的髮型。同意！（反正頭髮還會長出來。）

孩子把零用錢胡亂花掉。同意！（下次注意少給一點。）

下雨了孩子不想撐雨傘。同意！（沒關係，孩子被雨淋後，得到教訓，以後會更好地照顧自己。）

孩子想玩一整天，晚上再寫作業。同意！（讓他自己嘗嘗熬夜寫作業的滋味，第二天被老師罵的後果。經一事、長一智。）

孩子想在陡坡上玩滑板，從高處滑下來。同意！（先幫他做好安全防護措施。）

如果孩子做的是個錯誤的選擇，就要讓他親身經歷錯誤行為帶來的後果，讓他對自己的行為負責，這比任何說教都管用。

同時，也可以利用讓孩子擁有選擇權來解決孩子拖延的問

題。比如：

「怎麼又看電視，作業寫了嗎？」或「寫作業時間到了，是現在關電視還是 5 分鐘後關？」

「怎麼還在睡覺，上學要遲到了！」或「起床時間到了，是現在起床還是 3 分鐘後？」

「怎麼吃個飯也這麼慢，不許再邊吃飯邊看電視！」或「邊吃邊看只能看一集，吃完飯再看，可以看兩集，你選擇哪一個？」

## 5 · 父母的認可與表揚，是孩子走向獨立的不二法寶

對於孩子表現出的每一個成長與進步，來自父母的認可與稱讚都會讓孩子有更大的興趣與信心，「百尺竿頭，更進一步」。但在稱讚時，很多父母稱讚的事件會有偏差。比如「籃球打得真棒」、「字寫得真工整」！這些稱讚雖然也有激勵孩子的作用，但效果卻是打了折扣的，因為這些稱讚是「對事不對人」。「對事不對人」的表揚比不上那些「對人對事」的鼓勵，後者對孩子良好行為的培養效果更佳。

因此，我們可以在稱讚後再加上一句對孩子本人的稱讚：「籃球打得真棒，你真是一個愛運動的好孩子！」、「字寫得真工整，你是一個認真的孩子。你知道嗎？你認真做事的時候特別帥（特別可愛）！」

最後，培養孩子獨立性需要注意四個問題。

一是不要求過高。已經做得很好的，沒必要再過問；再怎麼努力也暫時做不到的，更不用著急培養，吃快弄破碗。

二是允許孩子求助。讓孩子知道爸爸媽媽是他堅強的「後盾」。注意不要讓孩子誤認為「爸媽在偷懶」或者「爸媽撒手不管我了」。要直接告訴孩子，任何時候都可以主動向爸媽求助，爸媽非常樂意幫助他。很多父母雖然認同這一點，但並沒有好好告訴孩子，導致孩子並沒有收到來自父母的支持，認為自己「孤立無援」。

三是父母以身作則，積極引導。我們都知道替孩子樹立榜樣的重要性，但有時，刻意當榜樣，不如和孩子一起參與，給孩子難度適中的工作，我們在工作中扮演好自己的角色，引導孩子一起把事情做好。

比如孩子總是推託著不願意收拾自己的房間，我們可以在週末空閒的日子告訴孩子：「我們一起來幫房子大掃除吧！」然後與孩子一起制訂計畫，讓孩子參與分配工作，引導孩子自己打掃整理自己的房間，然後與孩子共同勞動。這比簡單指使孩子去打掃自己房間的效果要好多了。

四是安全放第一位。鼓勵孩子獨立做事的前提是確保孩子是安全的。對於那些有安全風險的事情，比如一個人過馬路、一個人搭車、一個人去上學、一個人學做飯等，和孩子討論的重點不是「獨立去做什麼」，而是先培養孩子的安全意識，告訴孩子「不能做什麼」。

# 10 ／ 榜樣的力量

「媽媽妳出門化妝都要 1 個小時，憑什麼催我要快一點？」

跳跳三年級了，特別愛講話，想法多、意見多，是一個古靈精怪的小女生。她平時做事拖拖拉拉，媽媽想讓她快一點，但跳跳講起大道理來滔滔不絕，媽媽有時根本講不過她，只得甘拜下風。

有一次，跳跳在日記裡寫道：「我有個特別愛臭美的媽媽，她特別喜歡化妝，不打扮 1 小時『絕不甘休』。每次出門前，我和爸爸都要催她好多好多次。每次媽媽都說：『快了快了，馬上就好了。』可是就是看不到她的人影，我和爸爸等得都要變成『化石』了。我媽媽這麼慢，我都沒嫌棄她，可是她竟然嫌我慢，天天對我囉嗦：『起床怎麼這麼慢？刷牙怎麼這麼慢？吃飯要快點！作業怎麼還沒寫完啊？』還說我是家裡的『大磨王』。我覺得『大磨王』這個稱號應該給媽媽，她可比我慢多了。」

拖延或許是人類的天性，不僅孩子愛當「小磨王」，大多數

父母身上或多或少都有拖延的影子，只是程度不同而已。像跳跳的媽媽，可能在其他事情上並不拖延，只有在化妝時特別慢。在媽媽看來，化妝需要精心細緻，可在孩子和爸爸看來，媽媽就特別拖延。從跳跳的日記裡可以看出，跳跳對媽媽的管教表示不服。跳跳的媽媽「只許州官放火，不許百姓點燈」的「雙標」做法，引起跳跳的不滿，所以跳跳的媽媽在糾正孩子拖延的問題上很無力。

## 導致孩子拖延的因素：模仿父母的拖延行為

### 1‧孩子模仿父母是天性

模仿是孩子的天性，孩子從牙牙學語到上臺演講，從蹣跚學步到奔跑跳躍……其早期能力都是從模仿中獲得的。父母是孩子最初的「模仿範本」，也是他們的第一任老師，正如蔡元培所說：「家庭者，人生最初之學校也。」尤其是在 6 歲以前，孩子幾乎沒有分辨是非對錯的能力，不管什麼資訊，孩子都會一股腦兒地接收、模仿。這段時期，孩子的父母或其他養育人（如爺爺、奶奶等）對孩子的行為習慣影響非常大。孩子部分性格、思維習慣、行為方式也在模仿家庭成員中逐漸形成。如果父母有拖延的習慣，也很容易直接複製到孩子身上，這就是常說的「孩子是父母的『複製品』」。

## 2. 父母是孩子的第一任榜樣

《宋史》有言：「人不率，則不從；身不先，則不信。」父母以身作則的示範作用，強過成千上萬遍的催促與責罵。做一個令孩子信服的榜樣，勝過費盡口舌的說教。

孩子的性格和才能，歸根究柢是受家庭、父母，特別是母親的影響最深。父母平時的一言一行、一舉一動，父母對他人的態度、行為習慣和品質等，對孩子都有著深刻的影響。這種榜樣力量會在孩子較小的時候就有直接的作用，縱向會潛移默化地影響孩子的人生軌跡，傳播給他的子孫後代；橫向會影響到孩子周圍的親朋好友。

上述案例中愛拖延的跳跳，其實是受媽媽的影響。所以，跳跳的媽媽如果想解決跳跳拖延磨蹭的問題，首先得改掉自己拖延的習慣。如果父母沒有做到好榜樣，即使掌握再多的育兒知識、採取再好的教育方式，都很難真正幫助孩子改掉拖延的習慣。

# 對策：成為孩子的好榜樣

## 1．言行一致，以身作則

孩子是父母的一面「鏡子」，很多父母下意識的言行不一致，很可能會透過孩子的行為展現出來。比如爸爸要求兒子認真讀書，不可以玩手機，自己卻坐在一旁滑手機。如此，孩子當然

也不會專心讀書，會想方設法找機會玩手機。要求孩子之前，父母是否看到自己身上的不足呢？

孟子曰：「行有不得者，皆反求諸己。」遇到問題先從自己身上找原因，孩子的行為相當於是父母「照鏡子」，多從孩子身上發現自己的缺點。如果孩子做事拖延，甚至振振有詞、不服從管教，這時，父母先不要急著生氣，先反思一下自己是否有類似行為。如果有，那就先從自己做起，要求孩子怎麼做，自己先要做個表率，做到言行一致。

好的教育是父母先做好榜樣，以生命喚醒生命。如果我們每個人的生命是一棵樹，那孩子就是一粒種子。我們要做的是用自己的言傳身教、以身作則去喚醒這顆幼小的種子，讓它生根發芽、自然生長、勇敢面對風吹雨打，最終長成參天大樹。

「一流的父母當榜樣，二流的父母當教練，三流的父母當保姆。」其實，最好的家庭教育，就是父母做最好的自己，努力過好自己的生活，這樣就是給孩子樹立最好的榜樣。

## 2・行勝於言，少說多做

相較於每天不斷對孩子提各種要求，更好的教育方式是管住自己的嘴，以實際行動化解親子對抗。少嘮叨、少指責，默默地做好自己，做一個「春風化雨，潤物無聲」的好榜樣，這種無聲

的力量就是最強有力的力量。

小時候，我媽媽非常勤快、愛乾淨，做事手腳俐落，每天都把家裡收拾得乾乾淨淨。當時，家裡沒有洗衣機，衣服都得用手洗。每次我洗衣服，老是不斷抱怨，媽媽總是默默幫我洗，以至於後來我很少洗衣服，因為媽媽全包了。她總是默默包容我的抱怨，不指責、不嘮叨，安安靜靜地在做事。這種潛移默化的力量，影響到了我的大學生活。

讀大學時住宿舍，室友對我的評價是特別愛乾淨，經常包攬打掃宿舍的工作，室友曾開玩笑說：「衣服沒穿破也被妳洗破了。」當時我才意識到，愛乾淨已經是刻在我骨子裡的習慣了。

## 3・幫助孩子選擇朋友

瑞士著名發展心理學家尚・皮亞傑曾提出過「童年時代有兩個世界」，一個是成年人與兒童相互作用的世界，另一個是同儕與兒童相互作用的世界。這兩個世界以不同的方式對兒童的發展產生影響。

在生命的早期，父母對孩子的影響較大。進入小學後，孩子逐漸離開父母，同儕對孩子發展的影響越來越重要，隨著年齡增長，孩子對同儕的依賴可能會勝過對父母的依賴。「近朱者赤，

近墨者黑。」孩子的朋友圈，會影響到他的生活軌跡，甚至是未來。那麼，做為父母，我們如何幫孩子選擇適合的朋友呢？

首先，鼓勵孩子與充滿正能量的人交朋友。一般這樣的孩子會有幾個特質：上進，渾身充滿了鬥志；樂觀，像小太陽一樣，照到哪裡，哪裡就有光亮，滿滿的正能量；自律，具有超強的自我控制力，能夠激發身邊的朋友，一起抵禦外來的不良誘惑，堅持把自己的事情做完；誠實善良，善於為他人考慮、懂得分享等等。

總之，一個充滿正能量的朋友，能幫孩子變得更積極、勇敢，對生活充滿探索、渴望，能驅動他成為更好的自己。

一定要讓孩子遠離消極的人，這樣的人像一顆點燃了引線的炸彈，可能隨時會爆炸，炸傷身邊的人，摧毀身邊的美好。

其次，重點關注孩子的同桌、同宿舍室友。在學校，隔壁座位、同宿舍室友幾乎是和孩子在一起時間最長的人，他們的品德與行為對孩子的影響非常大。

小婷讀小學時，她的隔壁同學成績很好，一直是班裡第一或第二名。小婷成績雖然比不上同學，但也不差，在班上一直穩定在前五名。小婷升上國中後，學校要求住校，與小婷同宿舍的是一個不愛學習、全部心思都放在穿衣打扮上的女生。受她的影響，小婷也開始向媽媽提出要求，要買漂亮的衣服和鞋子，想要

和室友比較，成績也直線下滑，落到了二十名之後。小婷的媽媽很擔憂，找導師商量，希望能給小婷換個室友。

最後，父母要努力與孩子成為朋友。從某種意義上來說，父母是孩子最好的玩伴。尤其是對於年齡較小的孩子來說，與父母一起玩是他們最喜歡的。在與孩子遊戲的過程中，孩子也可以養成良好的習慣，與父母產生更深的情感連結。

## 4 · 鼓勵孩子閱讀名人傳記

從孩子讀小學二、三年級開始，父母可以有意引導，讓孩子讀些人物傳記類的書。一本好的名人傳記，不但能帶給孩子廣闊的視野、豐富的知識，更能接收到正向的世界觀、人生觀、價值觀的引導。在見證「英雄」登頂的過程中，孩子也更能迸發出希望與勇氣的火花，向上成長。

在名人傳記的選擇上，要注意內容重點，比如選擇典型人物，選擇與孩子當下要克服的困難、改掉的習慣等有關的書，同時在孩子閱讀時適時進行引導，幫孩子瞭解名人面對挫折的態度、學習的方法等等。在閱讀時，孩子會把自己與主角進行對比，名人所走過的人生道路，不論是成功的還是失敗的，都會引發孩子的思考，並使其從中得到借鑑和啟示。

# 11 ╱ 不愛整理、條理性差

「孩子書包、書桌和臥室總是亂糟糟的，磨磨蹭蹭不肯收拾。」

大華讀五年級，期末考試成績很不理想，國語、數學和英文的錯誤增多，成績明顯下滑。在家長會上，英文老師評價大華：「大華的桌面經常擺得亂七八糟，上英文課時，課桌上還擺著數學課本。」

國語老師說：「大華交作業時，總要花很長時間翻書包來找，我提醒他可以把第二天要交的作業專門放在一個袋子裡，他也不聽。有次他翻書包時，我看到他書包裡竟然還有上學期的考卷，真是夠亂的。」

數學老師說：「這孩子學習時缺少條理性，數學課要求每個學生準備一個錯題本，進行錯題登記、認真改錯。雖然不用批改，但我抽查時發現大華的錯題記錄得一團糟，看不清題目，也看不清楚訂正的正確答案。每次複習時，其他學生可以很快

複習完，大華總是拖拖拉拉，要多花很長時間，估計他自己都看不清自己寫的是什麼。」

從老師的評價中可以看出，大華在老師心目中的表現就是：亂、拖延、沒有條理、整理能力差。

大華在家裡也不愛收拾，有時父母幫他收拾好，他還不滿意，會故意弄得更亂。如果媽媽出差幾天沒幫他整理，他的床上、書桌上、窗臺上都堆得滿滿的，用的、玩的、吃的隨意亂放，喝了一半的牛奶也放在書桌上，有時不小心灑出來弄得滿書桌溼漉漉。他每天光找東西都要花很長的時間。

凌亂、不愛收拾、沒條理的生活習慣已經影響到了他的學習，也影響了他在老師心目中的形象。

## 導致孩子拖延的因素：條理性差

「整理和收納」不僅是父母要做的事，更是孩子從小就應培養的能力。在收拾、整理物品的過程中，孩子需要動腦筋去思考，要認真專注，這種專注的態度和尋找解決問題辦法的習慣會延續到其他的事情上，包括學習。經常保持書桌上面乾淨整潔，會提高孩子的專注力、執行力和學習效率。哈佛商學院曾做過一項相關調查，結果顯示：書桌收拾齊整的孩子，往往都成績優異、樂觀開朗。因為整理使得他們學會了規劃，也更具耐心。

孩子為什麼不愛整理？可能有以下幾個原因。

## 1．長輩的代勞

我問過許多父母：「為什麼你家孩子不愛收拾，不愛整潔？」得到的回答竟然非常一致，不是自己慣出來的，就是爺爺奶奶慣出來的。總之，問題出在家長身上。

「孩子白天上課，晚上寫作業，週末還要上才藝班，學習都忙不過來了，哪有時間讓他做這些小事？所以就由我們大人來做了。」

「我們家每天早上跟打仗一樣，我都起不來了，怎麼可能指望孩子早早起床，把各種準備工作有條不紊地做好呢？」

「他媽媽都不愛收拾，家裡總是亂糟糟的，大人都不整理，孩子會整理嗎？難怪孩子每次都找不到東西。」

## 2．家裡凌亂

現在隨著生活水準的普遍提高，我們的物質需求得到極大滿足，家裡堆滿各類生活用品及孩子的玩具、學習用品等，有閒暇又開心的時候就整理一下，不高興、累得暈頭轉向時，就只想「耍廢」，收拾家務就無限期延期。最後，家裡堆滿了各種玩具、衣服、鞋子、練習題、油畫筆、水彩筆、圖書，還有腳踏車、滑板車……琳琅滿目，從陽臺到客廳，從臥室到書房都堆得滿滿的，多得沒地方放。

凌亂的家庭環境及家長的懶散行為，會嚴重影響到孩子。哈佛大學也有研究表明：房間凌亂的家庭，養不出有出息的孩子。家裡的髒亂會帶來思想上的混亂，會讓我們遇事缺乏冷靜。孩子在這個環境裡學習，成績自然好不了，因為這個環境讓他很煩悶。

## 3‧教育原則不強

「我也想讓孩子保持整潔，可是他不聽話啊，說多了孩子還不高興。」

「如果不幫他收拾，他的房間亂得像豬窩，實在看不下去，只好幫他收拾。」

父母要求孩子整潔、有條理，如果只是督促他或者忍不住幫助他收拾幾次，並沒有持續性地跟進，就沒辦法讓孩子養成良好的習慣。又或者間歇性要求孩子，想起來就說幾句，想不起來時則放任不管，如此反反覆覆，根本解決不了問題。

下面這些行為，是孩子條理性差的常見表現。
- 早上起床後經常找不到衣服、襪子或鞋子。
- 書桌上經常堆滿了各種書、玩具和零食。
- 生活邋遢，經常丟三落四。
- 書包裡有很多用不到的課本、考卷，甚至還有玩具和過期的食物。

- 上課經常找不到課本和文具。
- 臥室裡堆滿了各類玩具、書和衣服，亂糟糟的。

# 對策一：提升孩子整理能力的原則

## 1 · 對自己，要「嚴於律己」

「以其昏昏，使人昭昭。」這是不現實的。做為父母，我們應以身作則，做到將家裡打理得整潔有序，替孩子樹立好的榜樣。

## 2 · 對孩子，要「沉住氣，敢放手」

和孩子好好談一談保持整潔的重要性，並教會他整理的方法。徵得孩子同意後，我們必須得沉住氣，不斷告誡自己「我是孩子人生大樓搭建的『鷹架』，應該告訴他怎麼做，不能代替他做『大樓』的『施工者』。」如果一看到孩子的書桌被堆得滿滿的，就心急地幫他收拾，那麼孩子就會想當然地認為「媽媽並不喜歡我動手，她喜歡自己來」，或者「只要我再拖一拖，媽媽就會幫我收拾」。

這一步往往是最困難，也是最重要的。如果希望孩子變得有條理性、不拖延，我們就必須停止幫他們收拾。孩子只有學會管理自己的各項事務，才能開始學會對自己負責。

## 3・對物品，要「斷捨離」

房間太亂往往是因為東西太多。幫助孩子「斷捨離」，不僅可以提升孩子整理的能力，改變拖延的行為，還可以培養孩子「斷捨離」的思維方式。不僅是物品，人生旅途中需要不斷捨掉一些東西，卸掉心上的負累，輕裝上陣，才能不負當下，擁抱未來。

放寒假時，兒子的寒假社會科目中有一項活動，要求他利用假期去賣回收品，並將義賣所得的錢在開學典禮上捐出去。活動要求所捐的錢，必須是賣回收品的錢。

為了完成這次活動，我幫兒子在陽臺上準備了一個大紙箱。他開始整理自己的物品，把不用的紙張、作業本、牛奶箱、礦泉水瓶、圖書等物品從房間裡清理出來，放在紙箱裡。開學前，我帶他去回收站賣，共賣了 43 元。

兒子很驚訝：「媽媽，原來我這些不用的東西可以賣錢啊？」拿到那 43 元的一刻，他才真正意識到回收再利用的意義。開學當天，他捐出去，學校也給他頒發了一張小獎狀。兒子很高興，回到家就跟我說：「媽媽，妳可以幫我再準備一個紙箱嗎？我要繼續清理用不到的東西，拿去賣掉。」

從那之後，每收集到一箱回收品，我就帶兒子去賣掉，有時 20 元，有時 80 元，他把這些錢都存起來，準備以後再去捐款。

這項活動，成功地把兒子不愛整理的壞習慣給改掉了，他開始有意識地「斷捨離」，並有了節約資源的意識，感受到募捐幫助他人的快樂。

## 對策二：培養孩子整理能力的操作方法

　　提起教孩子整理這件事，月月的媽媽就覺得心好累。

　　「親手教她如何收拾整理物品，從歸類書籍、紙張到疊衣服、掃地，從收拾桌子到收拾房間，一遍遍示範、一遍遍地教啊。」

　　「11歲了，按理說應該能學會，可是她就是學不會。疊完的衣服還是窩成一團一團的，整理完的書本一堆一堆的……東西永遠都找不到，每天越是急著出門，越是要翻箱倒櫃找作業本、便當袋。天天亂成這個樣子，拖拖拉拉的，哪裡像個女孩子！」

　　「有時我實在看不下去了，也會唸她『能不能好好收拾收拾妳的書包？』可是根本沒什麼效果，說了也白說，她最多賭氣似的隨便整兩下，和沒收拾一樣，急匆匆就出門了。有時忘了帶彩色筆，我還在上班路上就接到她的電話，哭著要我把彩色筆給她送到學校去，沒辦法，只得掉頭回去幫她去拿彩色筆。」

　　月月的媽媽萬分感慨：「只是整理一下東西，怎麼對孩子來說就這麼難？」

　　整理對孩子來說並不是一件容易的事，我們不能奢望孩子一

下子就變得井井有條，成為整潔有條理的小達人。萬事開頭難，整理這件事，不妨從簡單的入手，比如整理書桌、書包。

那麼，如何整理呢？主要分為兩大步驟。

## 1．教給孩子一個「整理秘笈」

這個「整理秘笈」非常簡單，就一句話：「幫所有物品找到『一個家』，每次使用完，把物品放回它自己的『家』裡。」

預先教給孩子這個「整理秘笈」後，再教孩子具體如何整理物品，然後反覆實踐，讓孩子加深對它的理解和運用就可以了。

## 2．督促孩子堅持整理一件物品 1 到 3 個月，直到形成習慣

一個習慣的形成，需要 1 到 3 個月的時間。等形成一個習慣後，再培養下一個習慣。如果培養孩子整理書包的習慣，那麼在做整理書包這件事時，不要穿插其他整理事情，只堅持整理書包這一件事。我們可以不定期抽檢孩子書包的整理情況，督促孩子堅持下去，直到形成習慣。等養成整理書包這個習慣後，再教他整理下一個物品，比如書桌等。

下面以整理書包和書桌為例，說明怎樣教孩子整理。

## （1）整理書包

　　第一步，引導孩子幫每個學習用品在書包裡安個「家」。

　　媽媽替月月買了一個新書包，月月很開心，左翻翻右看看，向爸爸炫耀著她的新書包。

　　媽媽：「這個書包有三層半呢，妳準備怎麼使用它呢？」

　　月月想了想，回答：「第一層放我的課本。第二層放美術課要用的畫紙、水彩筆和膠水。第三層放我的鉛筆盒。那半層放衛生紙和跳繩。左右兩邊的小口袋，一個放我的水杯，一個留著下雨放雨傘。」

　　媽媽：「第一層放課本，非常好。第二層如果放美術用具的話，那這一層有點『孤單』。每周只有一次美術課，其他四天這層是空著的。另外，妳的作業本、考卷、練習本這些準備放哪裡呢？」

　　月月想了一會兒，說：「那第二層就放作業和測驗卷這些吧，這樣每天交作業時一下就能找到了。」

　　媽媽：「妳這個主意很棒，但美術課的用具怎麼辦呢？買書包時還送了幾個資料袋，妳看能不能用得上？」

　　月月看了看資料袋，又看了看她的美術用具，突然高興地大聲說：「啊，我知道了，我可以把畫紙、水彩筆和膠水先放到資料袋裡，然後再放進書包裡，這樣我很快就能找到它們了。」

　　媽媽豎起大拇指：「不錯！那課外練習本準備放哪呢？」

　　月月一邊思考一邊自言自語：「我的鉛筆盒比較大，可以放

在第一層那個分隔層裡面，更容易找到。但練習本和課本大小差不多，和課本放一起容易找錯，那這些練習本可以單獨放到第三層。」然後抬頭跟媽媽說了她的想法。

媽媽：「妳安排得很合理，幫所有學習用品找到了自己的『家』。以後要記得，每次上完課，把它們放回自己的『家』裡，好嗎？」

月月：「好啊，媽媽！」

媽媽：「對了，妳以前經常會把沒吃完的麵包放進書包裡，那妳替麵包找位置了嗎？」

月月大喊道：「不行，我不要放麵包，這會弄髒我的新書包的。我的書包裡沒有麵包的『家』！」

媽媽：「我贊成！書包是學習用品的『家』。麵包是食物，食物類的就不要放到書包裡了。」

月月：「好的，以後我再也不把吃的東西放書包裡了！」

經過這次溝通，月月把書包裡的各種學習用品進行分類存放，書包也就變得整潔多了。


第二步，每天晚上整理書包。

在孩子完成每天的作業後，我們可以要求孩子把書包清空，按照課表重新整理，只帶第二天上課的書本和相關用品，其他的物品則放在書桌特定的位置。這樣，不僅書包輕便了，也便於快速找到所需物品。

兒子從上學開始，我們就要求他每天整理書包，養成了寫完作業收拾書包這個習慣性動作，而且速度很快，往往只需一、兩分鐘就能整理好第二天上學所需的物品。

　　有一天晚上，兒子一邊整理書包一邊和我聊天：「媽媽，妳知道嗎？我發現我們班有的同學從來不整理書包，每天把所有的課本、作業本、練習本、字典都帶著，他們的書包好重啊！」

　　媽媽：「你覺得他們這麼做，好不好？」

　　兒子：「不好，我不喜歡天天背著所有書，太重了，而且上課前要花很長時間找書，太慢了。」

　　媽媽：「你的做法很好，我們繼續保持！」

　　第三步，紙張整理是書包整理中的難點。

　　隨著年級越來越高，孩子從學校帶回家或者從家裡帶到學校的各類紙張會日益增多，比如各類考卷、單元考卷、視力檢查表等，有些考卷第一天帶回來，家長簽完字後，第二天還要帶回學校給老師檢查。如此經過一、兩個月，如果不及時清理，書包裡就塞滿了各類紙張，就像前文中的大華，書包裡竟然還留著上學期的考卷。

　　另外，紙張很容易損壞、丟掉，孩子經常埋頭在書包裡翻找其中的一張，拖延時間不說，萬一找不到，有可能會影響孩子當天的學習。

讓孩子整理好書包裡的各類紙張，有一個非常簡單有效的方法，就是充分利用資料夾。資料夾用來收納紙張，方便又有效。

第一次使用資料夾前，先教孩子基本的使用方法。

首先，貼標籤。使用前，先依科目分門別類做標籤，然後分區貼在資料夾內，確保每個科目都有自己專門的分區，比如數學區，就專門放數學的各種考卷、講義等。另外，需要額外準備一個「其他」標籤，給那些非功課類的紙張找個地方「安家」。

其次，把所有的紙張分門別類放入資料夾。貼好標籤後，就可以把書包裡所有紙張都集中放在這個夾子裡，這樣的話，孩子只要拿到資料夾，就能看標籤找到他需要的紙張。

注意：只有在需要用到紙張的時候，才把它們從資料夾中取出來。每次使用完後，立即把紙張放回它們分區裡。

最後，定期清理。把不再需要的紙張及時整理，保持資料夾內的紙張都是近期要使用的。

第四步，定期清理不需要的材料。

孩子的書包也需要定期清理、歸納，進行「斷捨離」。比如把不需再上交的考卷及時收起來，把用完的作業本及時清理出去，把不能再用的水彩筆及時更換，把壞掉的文具及時扔掉。

有一次，浩浩請媽媽幫他拿一支鉛筆。媽媽打開他的鉛筆盒，嚇了一跳，只見鉛筆盒裡有 5、6 枝鉛筆、兩把完好的尺、

一把斷掉的尺、一塊完整的橡皮擦、一塊滿是洞洞的橡皮擦，還有一個已經壞掉的削鉛筆器。

媽媽沒有直接動他的東西，而是默默地遞給他一枝可以用的鉛筆，等他完成作業後，媽媽和浩浩聊一聊。

媽媽拿起鉛筆頭問浩浩：「這些鉛筆還可以使用嗎？」

浩浩詫異地反問：「媽媽妳看不出來嗎？它們都這麼短了，當然不能再用了。」

媽媽：「那為什麼還要放在鉛筆盒裡呢？」

浩浩得意地說：「這妳就不知道了，它們可都是我平時努力學習的見證，不能扔，看到它們我就很開心！」

媽媽又拿起只剩半截的尺問：「那這把尺呢？它已經壞了，為什麼還要保留著呢？」

浩浩：「它是我以前最好的朋友，可是有次我不小心把它弄斷了，我的好朋友受傷了，我不能拋棄它。」

媽媽：「好吧，那這個壞掉的削鉛筆器呢？」

浩浩：「它也是我的好朋友，不能扔！」

對於浩浩的這種戀舊，媽媽感到既欣慰又無奈。

媽媽指著那些鉛筆和尺說：「這些都是曾經和你並肩作戰的戰友，它們要有的該『退役』，有的『受傷』，都不能再使用了，但你都沒有拋棄它們，表示你很有團隊精神，媽媽為你按個讚！」

浩浩驕傲地抬起小下巴，高興地回了一個：「嗯！」

媽媽：「不過，你看你的這些『戰友』既然不能陪你一起『衝鋒陷陣』了，我們找個更好的『家』來安頓它們，好不好？」

浩浩：「那要把它們放哪兒呢？」

媽媽：「你抽屜裡還有一個新的鉛筆盒，我們把它們安置在那裡好不好？它們在那裡可以安靜地休息，而且會更舒服。現在的鉛筆盒裡東西太多了，它們天天被擠來擠去，住著也不舒服。」

浩浩：「好啊，這是個好主意！」

於是，浩浩立即行動起來，把目前在使用的鉛筆盒清理得整整齊齊的。


## （2）整理書桌

經過與孩子長達 1 年多時間整理書桌的「鬥智鬥勇」，我總結了四個簡單有效的方式。

第一個，幫每樣物品找「地盤（家）」。

和孩子一起幫書桌上每個區域做好「地盤」功能劃分，安排好每個地盤的「主人（各類學習用品或書本等）」。

我替孩子買的書桌，上方帶兩層書架，下方帶兩層抽屜，右側下方帶三個掛勾。書架的第一層，右邊是筆筒的「地盤」，中間是檯燈的「地盤」，左邊是鬧鐘和計時器的「地盤」。第二層，左邊是各類文具的「地盤」，分別放著自動削鉛筆機、桌面清潔小掃把等，中間是課本、練習冊和字典、詞典的「地盤」，右邊

是幾個文件夾，專門存放考卷、畫作等。

桌面是孩子寫作業的「地盤」，不允許牛奶、水果等食物和飲料到學習區裡搶「地盤」。右側下方有三個掛勾：第一個用來掛書包，第二個用來掛英語專門書包，第三個掛兒子的籃球包。

下方的兩層抽屜，也都詳細劃分了「地盤」。第一層抽屜比較淺，只能放些小東西，因此每個格子裡放鉛筆、原子筆、備用尺、備用橡皮擦等。第二層放較大些的物品，分別放著備用的水彩筆、作業本等。

第二個，列一個書桌物品整理檢查清單。

列書桌物品整理清單的目的，是確保每件物品在使用後都能回到自己的「地盤」裡，確保桌面的乾淨整潔。

清單的制定一定要和孩子進行充分溝通，一起討論制定。列檢查清單時，可以採取從上到下、從左到右的順序逐一列出來，使孩子在整理時更加順手，同時對孩子後期執行清單也非常有幫助，不易遺漏。

每次完成作業後，書桌整理檢查清單如下：

- 筆、尺、橡皮擦是否歸位到筆筒？
- 鬧鐘、計時器是否歸位？
- 自動削鉛筆機、小掃把是否歸位？
- 課本、練習本、字典、辭典等是否歸位？
- 是否有新的試卷、畫作需要歸納到資料夾，資料夾是否歸

位？

●寫完作業後桌面是否乾淨？

如果可以的話，最好是用圖畫表示，這樣孩子看起來更加直接、形象化。

第三個，保持桌面乾淨整潔。

每次孩子寫完作業後，家長除了督促他們整理書包，還要督促其養成收拾桌面、按清單整理書桌的好習慣。

第四個，定期檢查是否按清單整理。

家長可以和孩子一起檢查，讓孩子把每一件收好的物品大聲說出來，這種做法會加深孩子對這個行為的印象。或者坐在孩子旁邊，在他說出每件物品的時候認真傾聽，看他是否把每件物品都歸位了。等孩子養成習慣，父母不必守在一旁，讓他自己檢查就可以了。

以上方法僅僅提供了不同的參考，重要的是要結合孩子的習慣和特點，找到適合孩子年齡的簡單、易操作的整理流程和方法。鼓勵孩子用自己的方法，當孩子有了自己的方法後，再幫助他們持之以恆地反覆練習，把這些動作內化，最終成為固定的行為習慣。

# 12／物質獎勵的反作用

「給孩子買玩具或把零用錢等作為獎勵，孩子卻更會拖延了」。

清清寫作業時特別磨蹭，媽媽為了鼓勵他快點寫作業，就和清清約定，只要準時完成一項作業，就獎勵 10 元。清清每天需完成國語、數學和英文作業，還有鋼琴和練字，如果全部準時完成，他每天可以得到 40 元的獎勵。

一開始，清清特別起勁，因為他想要一個定價 280 元的超人力霸王玩具。為了得到獎勵金，清清每天堅持按時完成作業，終於堅持了 7 天，獲得的獎勵金錢買到了玩具。沒想到在這之後，他就又開始磨蹭了，對獎勵也不再感興趣。

媽媽：「清清，你不想要獎勵金了嗎？」

清清：「我已經有超人力霸王了，不需要了！」

幾天後，清清想要一把玩具水槍，於是又找媽媽談判。

清清：「媽媽，我保證準時完成作業，但是每完成一個可不

可以獎勵 20 元？」

　　媽媽：「為什麼啊？不是說好了 10 元嗎？」

　　清清開始撒嬌哭鬧，說：「那個水槍要 100 元，我想一個晚上就『賺』夠，這樣明天就可以買到那把水槍了。」

　　媽媽心軟了，同意了清清的要求。

　　結果，第二天買到水槍後，清清又磨蹭著不願意寫作業了。

　　過了一段時間，媽媽又督促清清快點寫作業，清清又提出新的要求：「媽媽，如果我這一星期都按時完成作業，可以買一套五周年紀念版的超人力霸王給我嗎？」媽媽最終又妥協了。

　　為了讓清清按時完成作業，媽媽花費的代價也越來越高，而且只有在清清想買玩具時才會主動寫作業，得到玩具後這個獎勵對清清來說也就無效了。

　　清清的媽媽後來反思，決定換種方式，採用積分制，每完成一項作業或做一項家事就可以得到 1 分，每積 1 分可以兌換 4 元。結果清清大聲抗議：「以前完成一項得 20 元，現在變成 4 元，怎麼越來越少了，媽媽妳騙人，我再也不想寫作業了！」


　　本來為鼓勵清清及時完成作業而給的獎勵，最後不但沒達到預期效果，反而變成清清索取玩具的理由，寫作業也越來越磨蹭。這不禁讓清清的媽媽思考，對付孩子寫作業磨蹭，到底應不應該引入物質獎勵？

## 導致孩子拖延的因素：物質獎勵的反作用

　　以物質獎勵為條件，要求孩子按時完成目標，這種現象很常見，比如「如果這個期末你能考 100 分，我就給你買一個你喜歡的玩具！」、「如果你今天負責打掃，我可以獎勵你 20 元零用錢」……隨著獎勵次數的增加，我們會發現，孩子對獎勵的要求越來越高，同時對要做的事情越來越厭煩。這種「收買」孩子的物質獎勵，一開始確實很容易讓孩子改善壞習慣，但無法從根本上解決孩子磨蹭的問題。

　　兒童心理學家魯道夫・德雷克斯談到「對懲罰與獎賞的誤解」時提道：「懲罰和獎賞是適用於獨裁社會的，在獨裁社會，權威者享有支配地位，有給予他人賞罰的特權，能夠決定誰有功誰有過，誰該賞誰該罰。而現在我們所處的是一個民主的社會，民主包含平等，父母不能獨享權威。權威意含支配權——一人高於他人。而平等理念中，沒有所謂支配權。父母必須意識到，試圖將自己的意志強加給孩子是毫無用處的，沒有哪種懲罰能得到持久的服從。懲罰只能幫孩子發展出更強烈的反抗和挑戰。懲罰只能給父母帶來期望的短期效果。獎賞孩子和懲罰孩子一樣，對他們的人生觀都是弊大於利，這兩種行為都缺乏尊重。在相互平等和尊重的關係中，人們做完一件事情，是因為這件事情本身需要被完成。這時的滿足感來自和諧的互助與合作。」

　　當孩子不需要物質激勵也能出色完成某項工作時，更沒必要

「畫蛇添足」地給孩子物質獎勵。不恰當的物質獎勵，對孩子的健康成長弊大於利。

晶晶特別喜歡玩數獨遊戲。她經常一個人沉浸在數獨的世界裡，從四宮格到六宮格，再到九宮格，玩得不亦樂乎。晶晶的媽媽特別高興，每次晶晶玩完遊戲後，她就說：「妳這次又全對了，媽媽要買一條漂亮的小裙子給妳作為獎勵。」晶晶也很開心，可是時間一長，媽媽發現晶晶做數獨的正確率越來越低，晶晶對數獨也漸漸失去了興趣。

晶晶的媽媽就是在「畫蛇添足」，用物質獎勵消磨了孩子對數獨的興趣。

## 知識小課堂 德西效應

心理學家愛德華 德西曾進行過一次著名的實驗，他隨機抽調一些學生去單獨解一些有趣的智力難題。

在實驗的第一階段，抽調的全部學生在解題時都沒有獎勵；進入第二階段，所有獎勵組的學生每完成一個難題後，就得到1美元的獎勵，而無獎勵組的學生仍像原來那樣解題；第三階段，在每個學生想做什麼就做什麼的自由休息時間，研究人員觀察學生是否仍在做題，以此作為判斷學生對解題興趣的指標。

結果發現，無獎勵組的學生比獎勵組的學生花更多的休息時間去解題。這說明：獎勵組對解題的興趣衰減得快，而無獎勵組在進入第三階段後，仍對解題保持了較大的興趣。

實驗證明：當一個人進行一項愉快的活動時，提供給他獎勵的結果，反而會減少這項活動對他內在的吸引力。這就是所謂「德西效應」。

「德西效應」給我們一個極大的啟示——當孩子尚未形成自發內在動機時，我們從外界給以激勵刺激，以推動他們的學習活動，這種獎勵是必要和有效的。但是，如果學習活動本身已經使孩子感到很有興趣，此時再給他們獎勵不僅顯得多此一舉，還有可能適得其反。一味獎勵會使孩子把獎勵看成學習的目的，導致學習目標的轉移，而只專注於當前的名次和獎賞物。

　　因此，我們要特別注意正確使用獎勵的方法而不濫用獎勵，要避免「德西效應」。孩子對學習或活動本身感興趣而自發去探索，為獲得快樂感、成就感而自願完成父母交代的事情，這些皆歸屬於內在動機。而物質獎勵屬於外部動機，當孩子面對感興趣的事情時，如果我們對他們施加物質獎勵，獎勵金錢或玩具，這很可能會使孩子的內在動機變為外部動機，使他們將完成事情與獲得獎勵等同起來，進而喪失內在動力。

　　相關科學研究也表明：一旦孩子可以透過「良好行為」來兌換「實際利益」，就會導致他對物質獎勵非常敏感，那麼他對事情本身的投入程度就會愈發下降。當孩子失去了對事情原本有的或可以激發出來的熱愛與興趣後，結果往往和父母的初心背道而馳。

　　下面這些行為屬於物質獎勵範疇，想一想：你會經常和孩子說這些話嗎？

- 「等你考 100 分，我就買智慧型手錶給你。」

- 「你如果考試全班第一名，我就獎勵給你 1000 元。」
- 「你要是聽話，我等一下給你買玩具車。」
- 「你現在不哭，就給你看一下手機。」
- 「你快點吃飯，就可以看兩集卡通。」
- 「上午把作業寫完，下午我就帶你去遊樂場玩。」
- 「你如果掃地，我就給你 40 元零用錢。」
- 「只要你乖乖聽話，我就給你買玩具。」
- 「你彈完鋼琴，我讓你玩半小時的電動。」
- 「如果你期末考試沒有考到 90 分，以後零用錢減半！」
- 「如果你不想看書，以後就別想看卡通了！」

# 對策：改變獎勵方式

要獎勵孩子，首先我們得明白獎勵的目的是什麼。獎勵就是以獎賞激勵孩子，進一步啟動孩子的自覺性，激發孩子的內在動力來取得更大的成績。獎勵的重點在於如何幫助孩子把外部要求變成內在動機和需求。

## 1·用語言上的誇獎代替物質獎勵

孩子需要的獎勵並不僅僅是玩具、零食等物質上的獲得，更多的是來自父母的接納、認可和讚賞。父母肯定的言語和讚賞會帶給孩子帶來心理上的認同感、滿足感和歸屬感。因此，可以把

對孩子的物質獎勵調整為對孩子言語行為的接納、認可和鼓勵。

語言鼓勵時，需要注意下面的問題。

（1）鼓勵不能「搶先」，必須發生在孩子事情完成之後

如果還在做事的時候就提前誇獎，一是容易讓孩子驕傲自滿，對自己的能力和水平沒有清晰正確地認知；二是誇獎顯得不誠懇。我們對孩子的鼓勵最好是發生在孩子完成事情後，比如他們完成作業、主動打掃等。

在開始做事前，可以幫孩子打打氣，鼓勵孩子投入並引導他們該怎麼做。在做事過程中，如果孩子遇到問題，可以提供一些支援和適時的指導。做完事情後，有一個具體可誇獎和鼓勵的結果時，可以認真地誇一誇孩子。

（2）積極尋找孩子值得肯定的方面，並給予鼓勵

很多父母認為自家孩子身上值得誇獎的地方太少了。值得誇獎的其實遠遠不只是成績、才藝與天賦，孩子的好奇心、善良、專注、興趣、幽默、友善，甚至失敗過後的樂觀都值得讚許。每個孩子身上都有亮點，我們要做的是發現並發掘這些亮點。

（3）多表揚孩子的努力而非聰明

誇孩子「聰明」，不如誇「努力」來得效果好。倘若孩子表現不錯，父母誇他「聰明」，孩子會將成功歸因於智力和天分，

那麼當孩子表現得不盡如人意時，他便會將此歸因於自己「不夠聰明」。誇孩子「努力」，則會讓孩子將成功歸因於努力，當孩子遭遇挫折時會認為「這次沒做好，是因為我還不夠努力」，進而不斷努力，希望下次做得更好。

（4）鼓勵的內容不超過孩子的真實水準

誇孩子的時候，我們有時容易誇過頭。言過其實的誇獎像是幫孩子穿了一件「國王的新衣」，使他們難以形成正確的自我認知，也容易驕傲自滿。同時，當孩子意識到自己並非誇獎的那麼好時，會產生比較大的心理落差。

在第一次單元測試中，晴晴數學考了 100 分，晴晴的爸爸很高興，大大地誇獎了一番：「我女兒就是厲害，平時沒什麼複習都能考 100 分，比爸爸小時候聰明多了。」聽了爸爸的表揚，晴晴的「屁股」都快得意地翹到天上去了。

兩週後，第二次單元測試前一天，爸爸提醒晴晴做考前複習。晴晴非常自信地說：「我不用複習，上次我都沒複習，還不是照樣考了 100 分。」結果考試成績下來，晴晴只考了 86 分。

誇獎不等於給孩子胡亂「戴高帽」，誇獎也要實事求是，一定要具體、客觀，有針對性，讓孩子知道他到底「好」在哪裡，比如孩子勤勞、勇於改正拖延的壞習慣等。

## 2‧以肢體語言的鼓勵代替物質獎勵

父母對孩子的精神獎勵，不僅局限於語言上的，有時肢體語言的鼓勵更有意想不到的作用。肢體語言上的鼓勵，包括擁抱、擊掌、拍拍孩子的肩膀、撫摸孩子的頭等，以此把信任和力量傳遞給孩子，讓孩子感受到力量，重新恢復勇氣和自信。

有時一個來自父母的滿意的微笑、讚賞的眼神，可能給孩子莫大的鼓勵。

下面是常用到的一些肢體語言上的鼓勵方式。


（1）拍拍孩子的肩膀，鼓勵孩子

透過拍肩膀的方式鼓勵孩子，有時是在提醒孩子「快點行動起來」、「你該打起精神了」，也能夠向孩子傳達「相信你一定可以做得到」、「爸爸媽媽相信你」等資訊。當孩子沒有聽到語言的指令，或者心生排斥時，輕拍肩膀的動作可以起到鼓勵、催促的作用，同時可以撫平孩子心中對命令的排斥和不滿，給孩子注入尊重和自信。

當然，動作鼓勵與語言鼓勵結合，效果會更好。有一個鼓勵孩子的公式：「我相信你行」＋肢體鼓勵（擁抱、擊掌、摸頭、拍肩等）。比如：

「這次跳繩我相信你可以完成 200 個！來，跟媽媽擊個掌！」

「這次比賽媽媽相信你一定可以表現得很不錯，加油！」
（跟孩子擊掌。）

「我相信你能透過努力讓成績更好，沒問題的，你可以！」
（拍孩子肩膀。）

「我相信多多練習，你的作文會寫得越來越好！」（摸摸孩子的頭。）

（2）拍拍孩子的後背，安慰孩子

當一個人被批評或感到害怕時，身體會不自覺地處於緊張狀態，整個身體都繃得緊緊的，肌肉變得僵硬，眼睛會瞪得大大的，抿著嘴唇，緊握拳頭……與此同時，內心也會處於緊張的防禦狀態，不再具備開放性。這是人對外界防備的本能反應，孩子更是如此，這種強烈的情緒如果不能及時排解，會轉化成負面能量對孩子的身體造成損傷。

撫摸孩子後背具有神奇的力量，它可以安慰到孩子。

當孩子感到悲傷或害怕時，把手放在孩子頸部，用手輕柔撫觸，孩子會感覺到被支援、被安慰，恐懼感也會減輕。當孩子情緒高亢時，比如因為玩得太興奮晚上睡不著，媽媽可以把孩子抱到懷裡，把手放到他的頸椎和後背之間，這個動作可以讓孩子慢慢平靜下來。

### 3・以孩子感興趣的活動代替物質獎勵

帶孩子參加戶外活動也是一個很好的獎勵方式，用親子類活動對孩子好的行為進行獎賞。比如帶孩子去看場電影、去博物館、科技館、美術館等展覽館，和孩子去公園、去踏青、去郊遊、去爬山、去游泳等。這類強調親子屬性或以孩子興趣為導向的活動，強調的是活動興趣本身，而不是物質性的獎勵。

同時要注意的是，參加這類活動是為了興趣與親子快樂，當試圖通過戶外活動誘逼孩子做他不喜歡做的事，以達成我們的願望時，這類活動會破壞孩子的內在動機。

### 4・用貼紙或獎章等有紀念價值的物品作為實質獎勵

這種方式是我從兒子學校給學生獎勵的方式中得到的啟發。為了鼓勵學生積極參加學習活動，老師會對班上表現好的學生給予獎勵，頒發乖寶寶貼紙。這樣一張小小的貼紙給予孩子鼓勵，提高積極性，把孩子的好勝心激發出來了，學生們天天卯足了勁想得到老師的貼紙。這種獎勵，使得孩子每次的進步，都以星星卡的方式直接體現了出來。同時，每次獲得貼紙的學生都會接收到其他孩子羨慕的「注目禮」，這會讓孩子產生自豪感。

平時在家裡，我們也可以利用這種方式。此外，還可以與孩子互動，製作孩子感興趣的、有紀念意義的各種獎章，比如自律小達人、跳繩小勇士、家事小能手、閱讀小達人等。通過設定完

成的規則，比如每天完成跳繩 300 個，堅持 21 天，就能獲得跳繩小勇士的獎章。這類徽章，代表著父母對孩子的高度認同，也代表著孩子克服困難、獲得成功的紀念。

## 5‧獎勵孩子過程中需要注意的問題

### （1）獎勵要及時

獎勵一定要及時，否則效果會大打折扣，甚至弄巧成拙。比如，鼓勵孩子收拾房間，那麼，在剛開始時，每當孩子出現我們期待的整理行為，哪怕只是一個很微小的動作，如把丟在床上的玩具收起來，我們也要及時給孩子獎勵，可以為他鼓鼓掌，誇他「會主動收拾玩具了，有進步」。關鍵是要立刻獎勵，不要拖到第二天。

### （2）獎勵要合理

所有我們不希望孩子出現的行為，都不能當作獎勵的內容。盡量把孩子喜歡，同時對他成長有益的內容當作獎勵。

比如很多父母都知道孩子看電視、玩手機、愛吃糖是不好的習慣。但有時為了讓孩子完成任務，父母會拿這些作為孩子的獎勵，比如「如果八點前寫完作業，我就買五支棒棒糖給你。」這樣會強化孩子不好的行為和習慣，讓孩子更難改正。

### （3）不能用獎勵來制止孩子的錯誤行為

千萬不要為了制止孩子錯誤的行為而給孩子獎勵，這不僅對糾正錯誤於事無補，還會強化孩子的錯誤行為。比如在超市購物，孩子看到喜歡的玩具就不走了，哭鬧著非要買，有時父母礙於面子或為了制止孩子的哭鬧，會選擇妥協就買給他了。如此，孩子就會總結出一條經驗：我只要哭鬧，就可以得到想要的玩具。這也會強化孩子哭鬧這種錯誤的行為。

（4）必須做事在前，獎勵在後

獎勵與做事之間的先後順序很重要，不能顛倒。只有先做了正確的事，才能給獎勵，而不是先給孩子獎勵，誘惑孩子去做正確的事。

獎勵和表揚，是對於孩子做事成功的認可，但必須要事情完成後才能獎勵，這是給孩子意料之外的驚喜，這樣才能給予孩子情緒上的刺激，讓孩子的內在動機得以強化。

獎勵本身是一種加強信號的回饋。這種回饋必須在行為之後，通過給予額外的刺激強化正向回饋，如果孩子提前預知了獎勵，那麼「回饋」本身的意義就沒有了，還可能會引起負面效果。

（5）獎勵方式多樣化

經濟學上有個「邊際遞減效應」，指的是在其他條件不變的情況下，如果一種投入要素連續增加，那麼增加到一定產值後，所提供的產品的增量就會下降，即可變要素的邊際產量會遞減。

簡單理解，就像德國經濟學家戈森所說的：「同一種快樂不斷重複，則其帶來的快樂享受會逐漸遞減。」

在獎勵孩子方面也是如此。如果我們天天誇孩子「你真棒」，原本一句很好的鼓勵，孩子聽多了反而會認為得到稱讚是理所應當的，並不會感到開心。而且一旦孩子沒有得到預期的讚美，可能會因此感到挫敗。因此，經常換「花樣」獎勵孩子，更能有效調動孩子的積極性。

Orange Baby 24

# 讓孩子從拖延變自律的教養法
## ─透過 13 種教養方式，戒掉孩子的拖延壞習慣

**出版發行**

橙實文化有限公司 CHENG SHI Publishing Co., Ltd
粉絲團 https://www.facebook.com/OrangeStylish/
MAIL: orangestylish@gmail.com

作　者　王　敏
總 編 輯　于筱芬 CAROL YU, Editor-in-Chief
副總編輯　謝穎昇 EASON HSIEH, Deputy Editor-in-Chief
業務經理　陳順龍 SHUNLONG CHEN, Sales Manager
美術設計　點點設計 Yang Yaping
製版／印刷／裝訂　皇甫彩藝印刷股份有限公司

**編輯中心**
ADD ／桃園市中壢區永昌路 147 號 2 樓
2F., No. 147, Yongchang Rd., Zhongli Dist., Taoyuan City,
320014, Taiwan (R.O.C.)
TEL ／（886）3-381-1618　FAX ／（886）3-381-1620
MAIL: orangestylish@gmail.com
粉絲團 https://www.facebook.com/OrangeStylish/

**全球總經銷**
聯合發行股份有限公司
ADD ／新北市新店區寶橋路 235 巷弄 6 弄 6 號 2 樓
TEL ／（886）2-2917-8022　FAX ／（886）2-2915-8614

**初版日期 2024 年 2 月**